PRIMER NIVEL:

APRENDE SAXOFÓN FÁCILMENTE

POR VICTOR M. BARBA

ISBN 978-0-8256-2794-1

HAL•LEONARD®

Visite Hal Leonard Online en
www.halleonard.com

Contáctenos:
Hal Leonard
7777 West Bluemound Road
Milwaukee, WI 53213
Email: info@halleonard.com

En Europa, contacte:
Hal Leonard Europe Limited
42 Wigmore Street
Marylebone, London, W1U 2RN
Email: info@halleonardeurope.com

En Australia, contacte:
Hal Leonard Australia Pty. Ltd.
4 Lentara Court
Cheltenham, Victoria, 3192 Australia
Email: info@halleonard.com.au

ÍNDICE

INTRODUCCIÓN

Música fácil...Con este libro es realmente fácil

En muy poco tiempo vas a darte cuenta cómo puedes aprender a tocar el saxofón. Con un poco de práctica y estudio vas a poder saber lo básico de este bonito instrumento. Vas a poder tocar las notas, escalas y adornos en el saxofón de una manera fácil. Con la ayuda de este libro, sabrás usar el saxofón para poder tocar canciones simples y acompañar un grupo o una banda. También sabrás hacer segundas y terceras con el saxofón, para poder tocar junto con tus amigos. Con poco podrás hacer mucha música, y por supuesto, tocar el saxofón de la manera en que siempre lo habías soñado.

En este libro aprenderás las bases de el saxofón que se utiliza en la mayoría de la música que conoces como: banda, cumbia, bolero, balada, *rock*, salsa, *jazz* y muchas más.

No trates de leer todo rápidamente. Estúdialo primero y practica mucho cada ejemplo. Antes de tocar una melodía, escúchala en el CD y fíjate cómo se ve en tu libro y cómo se oye. También vas a tener algunos ejercicios diarios con el saxofón. Recuerda que es un instrumento de viento, a diferencia de un piano la afinación la debes de hacer con la boca, y eso lleva mucha práctica. Por eso este libro incluye ejercicios para praciticar a diario. Vas además a tocar varias canciones sencillas, que aunque no son canciones conocidas, sí son parecidas a muchas que conoces. Vas a hacer también ejercicios de segunda y tercera voz para que sepas como se hacen en la banda o en un grupo. Todo de una forma fácil, por eso se llama Música fácil.

Ojalá disfrutes tanto en aprender a tocar el saxofón con este libro, como yo disfruté al escribirlo.

CD

El CD de este libro te va a ayudar mucho, sobre todo a desarrollar el oído musical y a saber cómo va cada ejemplo escrito en el libro para que lo puedas tocar con el saxofón. Escucha cada uno de los ejemplos varias veces antes de tratar de tocarlo. Al principio del CD viene la afinación de el saxofón. Siempre que vayas a estudiar asegúrate que tu instrumento se oiga igual que el primer tema musical del CD, para que así todo lo que toques esté afinado y se escuche bien. Además recuerda que el saxofón es un instrumento que usa la transposición; o sea, que está en un tono diferente al piano, por eso es bueno escuchar muy bien lo que estás tocando.

 Por ejemplo ésta es la canción número 4 y es el tema musical número 4 del CD. Es muy fácil, al igual que toda la música de este libro.

Te felicito por querer aprender a tocar el saxofón. Practica mucho y aprenderás.

INSTRUMENTO

Asegúrate de conocer muy bien las partes de tu instrumento. Aquí tienes una foto de un saxofón para que reconozcas cada una de sus partes. El saxofón más común es el saxofón en Mı bemol. Hay más saxofones en diferentes tonos, pero lo que aprendas en uno te va a servir para todos. Hay un saxofón barítono que es el más grande de todos y tiene un sonido muy bajo o grave. El que le sigue es el saxofón tenor y se escucha también bastante bajo, tiene un sonido profundo y es bastante grande en tamaño. El que sigue es el alto o saxofón en Mı bemol, que es el más común y popular, sobre todo por el precio ya que no es tan caro como los otros dos. Por último está el saxofón soprano que tiene una forma diferente, se parece más a un clarinete, pero es de metal y tiene un sonido muy alto o agudo. Lo bueno de este instrumento, es que si sabes tocar uno de ellos, el que sea, ya sabes tocar todos, porque las llaves y las notas son exactamente iguales.

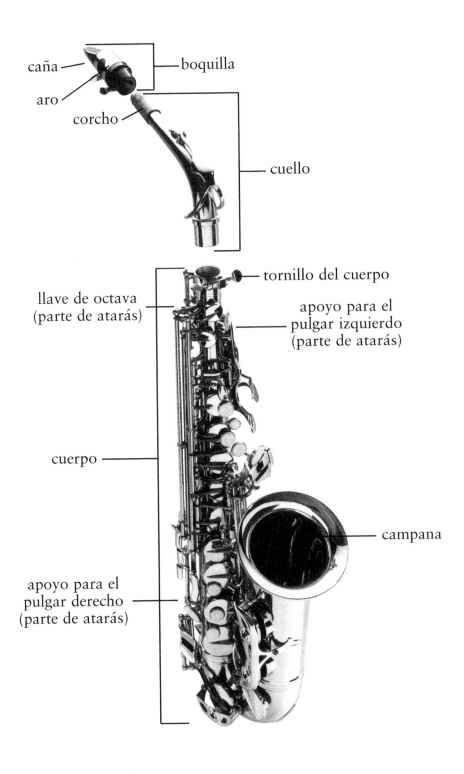

caña — boquilla
aro
corcho
cuello

llave de octava
(parte de atarás)
tornillo del cuerpo
apoyo para el
pulgar izquierdo
(parte de atarás)

cuerpo

campana

apoyo para el
pulgar derecho
(parte de atarás)

Antes que nada debemos humedecer la caña en un vaso de agua tibia. Puedes humedecerla colocándotela en la boca por unos minutos. Mientras tanto coloca el aro en la boquilla. Advertencia: La mayoría de los aros se colocan con los tornillos de ajuste hacia abajo. Toma la boquilla con el aro ya colocado y con la otra mano introduce la caña húmeda entre la boquilla y el aro. La punta de la caña debe colocarse un poco más adentro que la boquilla, pero casi coincidiendo con ésta. Luego ajusta los tornillos del aro lo suficiente como para sostener la caña. Si la ajustas demasiado puedes lastimar el lomo de la caña.

El siguiente paso es unir la boquilla al cuello del saxofón.

Advertencia: Si el saxofón es nuevo, probablemente necesites colocar un poco de solución lubricante sobre el corcho para poder colocar la boquilla. La boquilla debe penetrar hasta aproximadamente la mitad del corcho. Por último, une el cuello al cuerpo del saxofón y ajusta el tornillo.

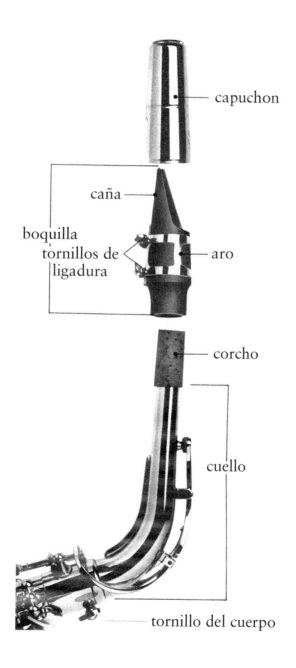

AFINACIÓN

La afinación del saxofón se produce empujando la boquilla hacia adentro o hacia afuera del corcho. Generalmente es un movimiento muy leve (no más de tres o cuatro milímetros). Cuando empujas la boquilla hacia adentro el sonido es más agudo y si sacas la boquilla un poco hacia afuera el sonido será más grave. Este proceso es importante cuando tocas con otras personas. Cuando escuches el CD (tema musical 1) trata de afinar moviendo la boquilla levemente.

EL SONIDO

Cuando el aire ingresa en la boquilla del saxofón genera la vibración de la caña contra la punta de la boquilla. Esta vibración da origen al sonido que luego continua su recorrido a través del resto del instrumento. Según las llaves que presionamos el recorrido del sonido se alarga o acorta formando, de esta manera, las diferentes notas del registro del instrumento.

Para producir el sonido hay tres puntos importantes que debes tener en cuenta: la respiración, la formación de la embocadura y el ataque.

La respiración: Antes de llevar el saxofón a la boca debes asegurarte que estás respirando apropiadamente. La respiración debe ser abdominal y relajada (incluyendo la parte inferior de los pulmones). Para hacerlo debes respirar usando la totalidad de los pulmones. El siguiente ejercicio te ayudará a respirar correctamente.

Antes de comenzar dividiremos el torso en tres partes:
1. Parte inferior, ubicada a la altura del abdomen.
2. Parte media, ubicada a la altura de la boca del estómago.
3. Parte superior ubicada a la altura del pecho.

Ejercicio de respiración:
Paso 1: Ponte en posición horizontal boca arriba. Coloca una mano en la parte inferior de tu tronco exactamente sobre el ombligo.

Paso 2: Respira profundamente tratando de llenar los pulmones en el siguiente orden:
i. Parte inferior
ii. Parte media
iii. Parte superior

Paso 3: Mantén la respiración por unos diez segundos.

Paso 4: Exhala lentamente por la boca pronunciando la letra S. Desaloja el aire de los pulmones en el orden inverso al que respiraste: (3) Parte superior, (2) Parte media y (1)Parte inferior.

Fíjate que la mano que está sobre el abdomen sea la primera en elevarse cuando respiras y la última en bajar cuando exhalas.

Repite este ejercicio varias veces. Luego realiza el mismo ejercicio en posición vertical frente a un espejo que te permita ver claramente la posición de los hombros. Importante: Durante los ejercicios, los hombros no deben moverse en absoluto.

LA EMBOCADURA

En el saxofón, como dije, el sonido se produce en la boquilla. Se llama *embocadura* al conjunto de músculos que rodean a la boquilla y que participan en la producción y control del sonido (labios, comisuras y músculos que los rodean). La calidad del sonido es, en gran parte, producto de la embocadura.

Pasos para la producción de la embocadura:
Antes que nada asegúrate de colocar las manos en la posición correcta.

Coloca el labio superior a aproximadamente a dos centímetros de la punta de la boquilla y apoya los dientes superiores sin ejercer demasiado peso sobre la boquilla. El labio inferior debe apoyarse aproximadamente a un centímetro y medio de la punta de la caña. La posición de este labio es muy importante, no debe ser ni muy afuera ni muy adentro. Es importante también que no te muerdas el labio inferior. La mandíbula debe estar lo más relajada posible.

Sopla una columna de aire pareja (recuerda fijarte si estás respirando correctamente sin mover los hombros), continúa sin modificar la posición de la boca hasta que termines de exhalar todo el aire. Cuando lo hagas no infles las mejillas.

EL ATAQUE

Se llama ataque a la manera de producir el sonido. El ataque ayuda al músico principiante a controlar la creación del sonido.

Para hacer el *ataque* o *atacar* las notas sigue los siguientes pasos:
pronuncia la sílaba *te*. Cuando lo hagas observarás que el sonido se crea cuando la lengua se separa del paladar hacia la parte inferior de la boca permitiendo en esta forma el paso instantáneo del aire.

Trata de repetir la operación con la boquilla del saxofón en la boca. Esta vez no pronuncies *te,* sólo inicia la columna de aire con la letra *t*. Entonces observarás que cuando lo hagas, la lengua se apoyará en la punta de la caña en lugar del paladar. Esto te dará un claro comienzo de la nota y te facilitará la producción del sonido.

RUTINA DE NOTAS LARGAS

1) Practica la respiración durante unos cinco o diez minutos antes de llevarte el saxofón a la boca. Trata de usar este ejercicio para relajar todo el cuerpo: hombros, cuello, brazos, etc.
2) Sin apresurarte trata coloca la boquilla en la boca y asegúrate que tus manos estén en la posición correcta sobre las llaves del instrumento.

Respira relajadamente y comienza la columna de aire pensando en la letra *t*.

Repite esta operación varias veces. Presta mucha atención a la relajación del cuerpo. Si notas que los labios están cansados, toma descansos cada quince o veinte minutos. Practica notas largas atacadas por media hora o cuarenta minutos durante la primera semana. Más adelante usa estos ejercicios por tan sólo diez minutos como rutina de calentamiento antes de continuar con los otros ejercicios del libro.

CONSEJOS IMPORTANTES

Como el saxofón es un instrumento de viento, hay que soplar para que se oiga y al soplar echas saliva dentro del instrumento. La saliva es como el agua y puede corroer el metal, por lo tanto es importante limpiar a menudo el instrumento. Todos los días después de tocar, quítale la caña a la boquilla y limpia bien el saxofón con un trapito por dentro y por fuera. También al menos una vez por semana lava la boquilla con agua tibia y después secala bien. Seca bien todo el instrumento todos los días antes de guardarlo. Si acaso se atora alguna llave, ponle un poquito de aceite para que se mueva mejor. La mejor forma de hacerlo es preguntarle a alguien que sepa tocar saxofón, para que te diga cómo hacerlo. Generalmente en la tienda donde lo compres te dicen cómo. Lo importante es mantenerlo limpio y cuidarlo, recuerda que es un instrumento musical, y como todos, hay que cuidarlo.

NOTAS

La música se escribe con *notas*, que son las bolitas y palitos que has visto muchas veces. En este libro vas a aprender para qué sirven las notas y como usarlas.

Las notas representan sonidos. Si la nota está en la misma línea, o en el mismo espacio, entonces el sonido es *igual*. Si las notas cambian de línea o espacio el sonido es *diferente*. El sonido será más agudo si la nota sube de posición en el pentagrama y mas grave si baja. Existen también sonidos *cortos* (que sólo duran poquito tiempo) o sonidos *largos* (que duran mucho tiempo) Por eso el *tiempo* en la música es lo principal, si no existiera el tiempo, no se podría tocar música.

Las notas pueden ser iguales o diferentes, cortas o largas, altas o bajas.

Todas las *notas* se escriben en un *pentagrama*. Recuerda que para escribir música se utiliza una escritura que representa el sonido. El sonido tiene muchas cualidades, puede ser entre otros: agudo, grave, largo, de poco volumen o de gran volumen. El pentagrama se utiliza para poder representar la música por escrito.

La música se divide en *compases;* un *compás* es la distancia que hay en medio de dos barras de compás.

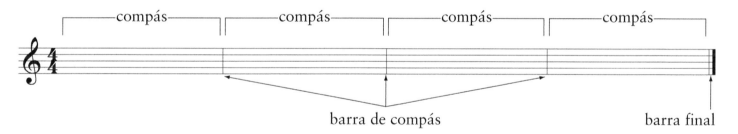

El *pentagrama* tiene 5 líneas y 4 espacios. Las líneas se cuentan de abajo a arriba.

Hay más tipos de compases, pero después los aprenderás. De momento aprende estos tres.

IMPORTANTE

Para tocar una canción o acompañarla, necesitas *sentir la música*. Esto lo puedes lograr a través de la práctica y el estudio. Hay tres elementos muy importantes que forman parte de la música:

Ritmo
Melodía
Armonía

RITMO

El *ritmo* es un patrón musical formado por una serie de notas o unidades que son de duración diferentes. Por ejemplo la música disco, la cumbia, o la mayoría de música bailable tiene un ritmo muy marcado. Más adelante vas a entender mejor lo que es el ritmo. El ritmo puede expresarse con un sólo sonido o por varios sonidos. Éste es un ejemplo de ritmo usando un sólo sonido:

MELODÍA

La *melodía* es una sucesión de notas musicales que forman una frase musical o idea. Quiere decir que si creas un ritmo con diferentes sonidos, formas una melodía. Las melodías pueden (y deben) variar el ritmo, para que no sean monótonas o aburridas. Las melodías dependen mucho del compositor o del estilo de música del que se trate.

ARMONÍA

La *armonía* es la comprensión de las escalas y los acordes. Cuando tocas varias melodías al mismo tiempo, por ejemplo una con piano, otra con guitarra y al mismo tiempo tocas el bajo, cada instrumento va haciendo una melodía diferente (la melodía es como una tonadita). Cuando eso pasa, hay momentos en que suenan tres notas o más al mismo tiempo, y eso forma los *acordes*. La armonía es la parte de la música que estudia los acordes y cómo se deben de usar para formar progresiónes o círculos para poder así acompañar las canciones.

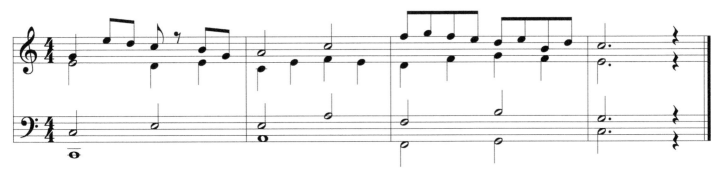

REGISTRO

En la música hay muchas notas, desde muy graves hasta muy agudas y el saxofón tiene unas cuantas de esas notas. El piano, por ejemplo, tiene muchas notas más que el saxofón. En este libro, vamos a aprender varias de esas notas del saxofón. Hay notas muy agudas para las que se necesitaría mucha práctica para poderlas tocar. Como este libro es para principiantes, vamos a aprender sólo las notas más fáciles de tocar, las más prácticas y comunes. Estas notas bastarán para tocar en un grupo que básicamente para eso es para lo que estás estudiando, ¿verdad?

TODAS LAS LLAVES DEL SAXOFÓN

Fíjate en este dibujo que será en el que nos vamos a basar para que lo aprendas a tocar. El saxofón tiene unas llavecitas, que al apretarlas se abren y se cierran los hoyitos por donde sale el aire. Al apretar algunas de ellas produces el sonido de las notas y esas notas son las que forman las canciones y melodías.

Estas son todas las llaves que tiene el saxofon,
si te fijas son muchas y para ser el primer libro
te confundirías mucho, por eso solo vamos a
usar unas cuantas.

El saxofón es un instrumento muy versátil, además de tener un sonido muy bonito. Puede hacer casi cualquier cosa en la música; notas largas, cortas, altas y bajas. El saxofón puede también tocar de forma muy rápida y se usa para muchos tipos diferentes de música. No puede tocar dos notas al mismo tiempo, pero sí puede hacer acordes en forma de arpegio, o sea nota por nota. Para hacer los sonidos tiene varias llaves, con las cuales se pueden tocar muchas notas. Para tocarlo bien, debes tener agilidad en los dedos y conocer cómo se tocan todas las notas en el instrumento. A continuación las voy a poner para que las conozcas. A lo largo de este libro vas a aprender a tocar cada una de ellas.

CUALES DEBES DE APRETAR

Fíjate en el dibujo. Donde veas la bolita negra, ésa es la llave que debes de apretar.

La combinación de llavecitas que aprietes te dará la nota que se va a escuchar. Por lo tanto, hay que mover los dedos con rapidez para producir los sonidos. Con el tiempo lo vas a lograr si haces los ejercicios de este libro diariamente y practicas todos los días.

No te desanimes si al principio te cuesta trabajo hacer el sonido. El saxofón es un instrumento que requiere mucha paciencia al principio, pero después vale la pena todo el esfuerzo que hayas hecho. En la música, como todo en la vida, es importante tener paciencia.

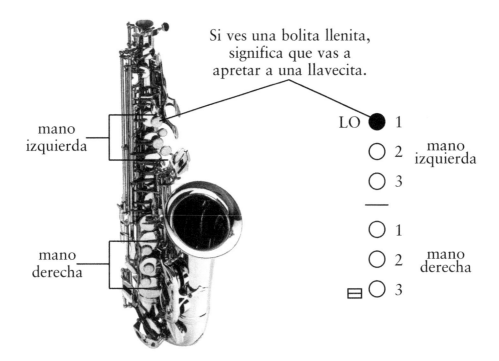

Si ves una bolita llenita, significa que vas a apretar a una llavecita.

mano izquierda

LO ● 1
○ 2 mano izquierda
○ 3
___
○ 1
○ 2 mano derecha
○ 3

mano derecha

La mano izquieda, va en la parte de arriba. El dedo gordo se apoya en la parte de atras del saxofón como apoyo, ademas sirve para apretar la llaviecita de la octava, y los dedos se colocan encima de las llaves sin apretarlas, y se enumerana asi.

El dedo gordo de la mano derecha se apoya en la parte de atras, para sostener el instrumento. Los demas dedos se pones en las tres llavecitas que estan en la parte de abajo del saxofón, y el dedo meñique se usa para tocar las llavecitas de más abajo de sax.

apoyo y octava

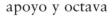
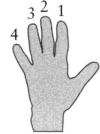

apoyo

Tabla De Las Notas En El Saxofón

Aquí tienes una lista completa de las notas que puedes tocar en el saxofón. Con estas notas podrás tocar miles de canciones. Recuerda que la música es infinita y con poco que aprendas podrás hacer mucha música.

Uno de los consejos más importantes es que practiques mucho las notas largas. Toca muchas veces cada una de las notas que estén en este diagrama tratando siempre de producir un sonido claro y constante.

Practica todos los días las notas una por una y las escalas. Vas a a notar que en poco tiempo podrás tocar el instrumento mucho mejor.

Fíjate en las llaves que hay que apretar para producir el sonido. Recuerda usar la embocadura y el oído para asegurarte que estás tocando la nota correcta.
Uno de los consejos más importantes es que practiques mucho las notas largas. Toca muchas veces cada una de las notas que estén en este diagrama tratando siempre de producir un sonido claro y constante.

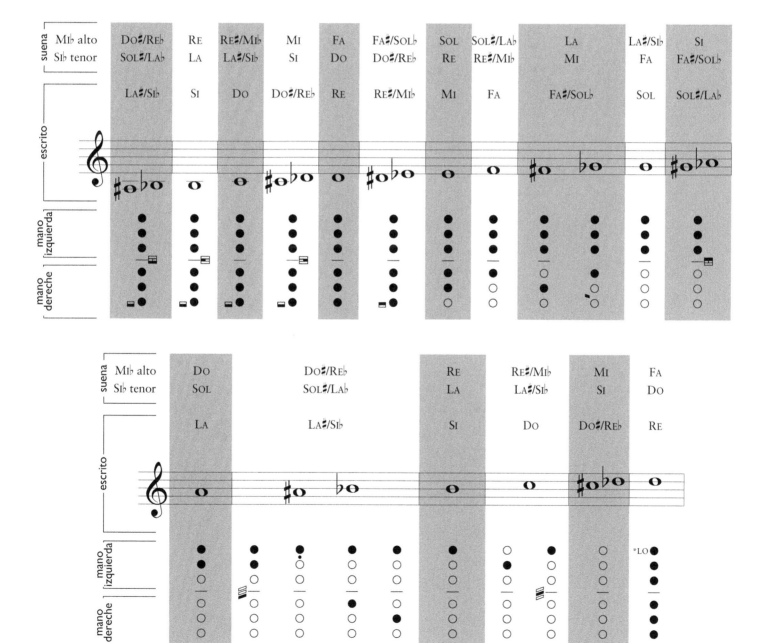

*Llave de octava

16

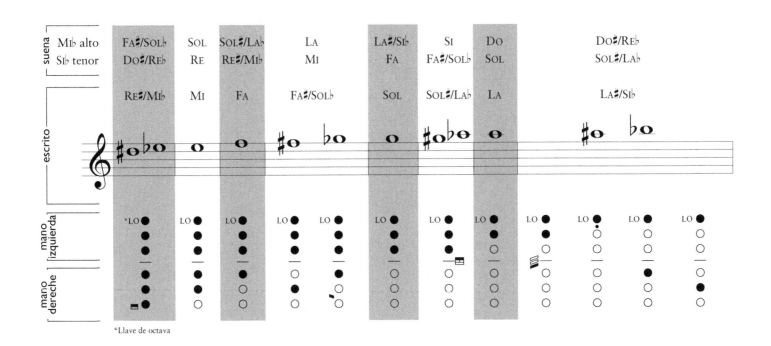

*Llave de octava

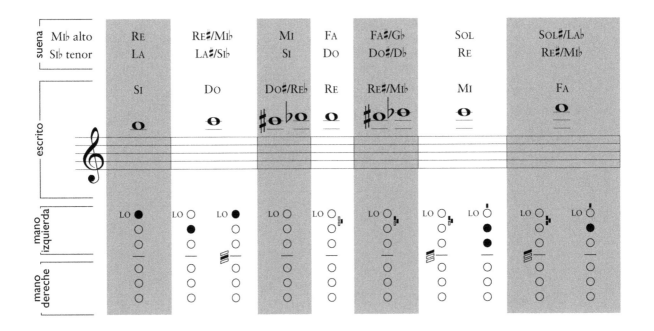

BIENVENIDOS

Ahora sí ya es hora de empezar a tocar algo de música. Vamos a comenzar poco a poco para que lo entiendas bien. En este libro, como en todos los otros que escribo, trato de hacer las cosas lo más sencillo posible pero que a la vez sean lógicas. La forma de leer la música, de tocar los acordes, de crear las melodías y los ritmos, y de todo lo relacionado con la música, es muy lógica. Si entiendes cómo funciona y cómo se crea la música, vas a darte cuenta que no es difícil como parece. Notarás que una cosa te lleva a la otra, y sobre todo, la vas a disfrutar más. Cuanto más estudies, más fácil se te va a hacer todo. Para lograr tocar bien el saxofón, basta con practicar mucho y tocar bien todas las canciones y ejercicios que hay en este libro además de repasar varias veces el material. Estudia y repasa todo hasta que lo entiendas y lo hagas con confianza,si lo haces así, te garantizo que vas a aprender a tocar el saxofón muy bien. Escucha mucha música para afinar tu oído y practica los ejercicios llamados *Uno al día*. Espero que esto sea un buen principio y te motive aún mas a aprender este bonito instrumento. Bueno, sin más palabras comenzamos y ¡bienvenidos a la música y al saxofón!

NOTAS LARGAS

Algo importante son las notas largas. La idea de este tipo de ejercicio básico es desarrollar la buena respiración, lo cual es fundamental para tocar un instrumento de viento como es el saxofón. Aspira por la nariz y agarra la mayor cantidad de aire que puedas y sopla en el instrumento apretando una llave. Toca por el mayor tiempo posible... 10 segundos, 20 segundos, 45 segundos... lo más que puedas. Respira y toca otra vez. Si haces esto todos los días por lo menos media hora, vas a desarrollar una buena respiración. Cada vez que hagas un sonido y lo repitas, trata que se oiga igual, porque aunque aprietes la misma llave, a veces se escucha diferente debido a la embocadura.

Practica a diario y disfruta al hacerlo. Recuerda que aprender a tocar un instrumento debe de ser algo divertido y bonito y no un sacrificio. Si lo haces, en poco tiempo vas a ver la diferencia.

LA PRIMERA NOTA SI

Una de las mejores prácticas que vas a poder hacer es tocar las notas largas. Recuerda que debes tomar bastante aire por la nariz y tocar una nota manteniendo el sonido y soplando la mayor cantidad de tiempo posible. Aspira aire otra vez y toca la nota larga la mayor cantidad de tiempo posible. Repite esto nota por nota hasta que produzcas un buen sonido. Trata de hacer esto durante al menos 6 meses de práctica diaria tocando varias notas largas.

Vamos a comenzar con el Si. Recuerda ¡practica notas largas!

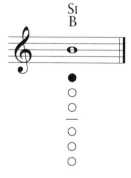

⭐ TONO DE AFINACIÓN (SAXOFÓN EN *MI*♭)

Aprieta con la mano izquierda la llave de arriba como te muestra el dibujo, vas a producir un sonido; ese sonido debe de ser la nota SI. Recuerda que el saxofón debe de estar en MI♭ porque si es otro tipo de saxofón, entonces el sonido es diferente. Toca esa nota y escucha el CD, se debe escuchar igual o lo más parecido posible. La boquilla se puede apretar o aflojar un poco para igualar la afinación. También puedes usar la embocadura. Cuando se escuche muy similar, entonces ya sabes que vas por buen camino.

⭐ 4 TIEMPOS, 2 TIEMPOS Y 1 TIEMPOS

Como sólo conoces la nota SI, (B en inglés) vamos a hacer una pequeña canción con la nota SI, usando los tiempos más comunes de la música: redondas, blancas, negras y los silencios de 4 tiempos, 1 tiempo. Nota: Si quieres saber más sobre cómo leer música, te recomiendo el libro *Solfeo* de esta serie.

NUEVA NOTA *LA*

Ya debes poder tocar la nota SI muy bien. Ahora hay una nota nueva: LA. Con dos notas ya podemos hacer un poquito más de música que no será tan aburrida como con una sola nota ¿verdad? Ahora a practicar y recuerda fijarte bien cómo haces la embocadura para que se oiga igual que en el CD.
Aquí está un silencio nuevo, el de *blanca*.

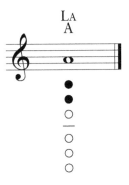

⭐3 *SI LA* PUEDO TOCAR

silencio de 2 tiempos   nota de L<small>A</small> de 4 tiempos   nota de L<small>A</small> de 1 tiempo

⭐4 *SI LA* SE

En esta canción vas a notar un pequeño silencio donde están las notas blancas.
Fíjate arriba donde están las comitas significa que vas a respirar para poder seguir
soplando, Si fuera piano o violín no tendrías que respirar, pero en el saxofón no
queda de otra. Por esta razón, te pongo esas comitas para que respires (¡no te me
vayas a ahogar!).

comita de respiración   respira

NUEVA NOTA SOL

Ya sabes un poco más. Ahora que ya conoces el Si y el La, vamos a estudiar la nota Sol. Fíjate que se toca con las tres llaves apretadas de la mano izquierda. Escucha siempre el CD varias veces antes de empezar a tocar, para que tengas una idea de cómo se oye la canción que estudias. Y no se te olvide practicar todos los días... notas largas.

Te lo repito mucho porque sé lo importante que es hacerlo ¡todos los días!

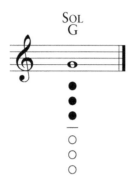

5 SOL - LA...SI NO ESTAS ACOMPAÑADA

6 MIS PRIMEROS PININOS

Esta canción está en el libro de *Teclado* y en el de *Guitarra* de esta misma serie, pero la vamos a tocar en otro tono. Como no hay silencio en la escritura, usa la comita de respiración para que la puedas tocar

comita de respiración

Nueva Nota Fa

Cada vez sabes más. Fíjate que ya conoces 3 notas y con esta nueva nota son 4, Si,
La, Sol y Fa. Con estas 4 notas ya podemos hacer melodías aunque sea sencillas.
Fíjate que cuanto más grave es el sonido de las notas, más flojos pondrás los labios.
Ya casi llegamos a las 8 notas para poder tocar tu primera escala en el saxofón,
¡enhorabuena !

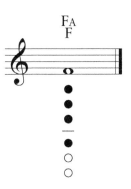

⑦ CUATRO NOTAS EN EL SAX

⑧ SOLAMENTE 4 NOTAS

Ésta es una melodía sencilla y aunque sé que todavía no se oye como quisieras, ten
paciencia. Una cosa que te recomiendo es que aunque toques algo sencillo, trata de
tocarlo con mucho sentimiento.

⭐ 9 UN POCO MÁS

NUEVA NOTA MI

Con estas 5 notas, ya vas a poder hacer más música. Claro que cuanto más practiques, mejor vas a tocar. Te aconsejo que cuando toques cada nota, hagas el sonido claro y que se escuche sin chillido (porque habrás notado que al empezar a tocar, de repente se oye como que chilla el saxofón).

Las 5 notas que ya debes de conocer son: Sɪ, Lᴀ, Sᴏʟ, Fᴀ, Mɪ

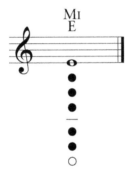

🔟 MI MÚSICA MIS NOTAS

11 CINCO NOTAS Y A TOCAR

Estoy seguro que vas entendiendo más y tocando más bonito. Muchas felicidades y prepárate porque dentro de poco ya vas a poder tocar una escala completa. Acuérdate de la respiración, respira siempre por la nariz. Al tocar un instrumento de viento, como es el saxofón, debes tener mucho aire en los pulmones. Trata de practicar la respiración lo más que puedas.

Y no se te olvide hacer notas largas, toca cada una de las notas que sabes, durante mucho tiempo.

12 BAJADITA Y SUBIDITA

Aquí ya hay una bajadita y subidita en el sonido. Observa que SOL-FA-MI, se oye de bajada, mientras MI-FA-SOL, se oye de subida. Ya sea de bajada o subida la idea es que toques lo mejor que puedas, que no te chille el saxofón y que el sonido salga claro y limpio. Trata de tocar lo más parecido al CD que puedas y tócalo a tiempo. Imagínate que tienes un maestro en casa.

13 BRINCANDO A MI GUSTO, SI SEÑOR!

Cuando pasas de una nota a otra, trata de que se escuche bien cada nota que toques, y que no chille el saxofón. Además en los últimos dos compases están todas las notas que debes de conocer. ¿Te das cuenta como vas aprendiendo bastante rápido?

TRANSPOSICIÓN

El saxofón es un instrumento que no toca la música en el mismo tono que el piano. Voy a tratar de explicarte de una forma fácil lo que esto significa. Si en un piano tocas la nota Do, se escucha Do; así de fácil. Pero si en el saxofón en Mi♭ tocas la nota Do, en realidad se escucha la nota de Mi♭ (Mi bemol). Es un poco difícil de entender al principio, por ahora sólo fíjate que si tocas una nota en el saxofón, en realidad se escucha otra diferente en el piano.

Hay varios tipos de saxofón que están en diferentes tonos. En este libro estamos estudiando el de Mi♭. Otro saxofón muy común es el saxofón Tenor que está en Si♭. Cuando tocas en grupo, por ejemplo en la banda, los clarinetes y las trompetas están en otro tono diferente que el saxofón. En la música norteña, por ejemplo, el saxofón está en otro tono diferente que el bajo o el acordeón.

No te preocupes mucho de esto por ahora porque para eso está el arreglista, que hace que todos los instrumentos se oigan en el mismo tono, aunque estén tocando notas diferentes

De momento, sólo preocúpate de saber que si estás tocando una canción en el saxofón en Mi♭, el piano la está tocando en Do, pero los dos instrumentos se oyen igual.

Fíjate en este ejemplo a continuación.

NOTA DE DO EN EL PIANO

Si el piano toca la nota de Do central, que es ésta:

El saxofón en Mi♭, debe tocar la nota LA, para que se escuche el Do del piano.

De esa manera los dos instrumentos se van a oír igual, en el mismo tono. El piano está tocando en el tono de Do y el saxofón está tocando en el tono de LA. Aunque el saxofón esté en el tono de LA, en realidad se escucha en Do porque es el tono estándar. Por eso se le llaman instrumentos transpositores.

SI QUIERES TOCAR UNA NOTA EN ESPECIAL

Como por ahora sólo conoces 5 notas, vamos a hacer una melodía con esas notas para que lo entiendas un poquito más. Las 5 notas que conoces son:

MI   FA   SOL   LA   SI

Recuerda que si tocas la nota de La, en realidad se oye Do, o sea una sexta mayor hacia abajo. Por lo tanto si tocas Mi, se va a escuchar una sexta mayor hacia abajo: Sol.

¿Qué ocurre si quieres que se oiga Mi, pues entonces tienes que tocar una sexta mayor hacia arriba, para que al tocarlo en el saxofón se escuche una sexta mayor hacia abajo. Es decir, si quieres que se oiga Mi, debes de tocar Do♯ hacia arriba. Sé que al principio es un poco enredoso, pero con el estudio y la práctica se te hará fácil.

14 TRANSPOSICIÓN MUSICAL

Ahora sí vamos a poner en práctica la transposición. Toca esta canción con las notas que ya conoces. Tócala junto con el CD. En el CD el piano es el instrumento que está tocando las mismas notas que tú; o sea, tú estás tocando Mi y el piano está tocando Mi y vas a notar que se oye feo, o sea fuera de tono. Porque aunque los dos estén tocando la misma nota, el saxofón está tocando en otro tono.

15 AHORA EN OTRO TONO

Ahora fíjate que en esta canción las notas son notas que no conoces todavía. Éstas son las notas que va a tocar el piano en este tema musical del CD. Ahora toca la misma melodía de arriba, (tema musical N° 14), pero escucha el CD en el tema musical N° 15 y te vas a dar cuenta que aunque están tocando notas diferentes, se escucha igual debido a la transportación del instrumento.

Seguro que ya vas entendiendo. Lo principal es que toques bien el instrumento. Los arreglistas son los que deben de saber muy bien esto. Te lo digo sólo a modo de conocimiento básico y para que sepas que el saxofón está en otro tono. De aquí en adelante sólo tienes que tocar las canciones y se van a oír bien en el CD, porque están ya transportadas.

Lo que sí es importante es la afinación. Recuerda que eso se logra con la embocadura. Trata de tocar lo más afinado que puedas y siempre practica las notas diarias y los ejercicios *Uno al día* que vamos a ver más adelante.

NUEVA NOTA DO ALTO

Esta nota es muy fácil de tocar. La puedes tocar con un solo dedo, sólo el dedo número 2 de la mano izquierda. Fíjate en el dibujo. Observa que se debe oír alta o aguda. Ten cuidado de cómo pones la embocadura. Fíjate también en las cañas; si son muy gruesas te va a costar más trabajo tocar. Hay diferentes números de cañas, del 2, del 2½, del 1 etc. Aunque tocar bien depende de varios factores, trata de usar la caña del 2 o del 1½ al principio y vas a notar la diferencia. Usa la caña con la que mejor puedas tocar y siempre recuerda tenerla bien húmeda antes de empezar a tocar.

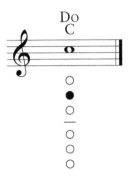

16 DO-MINANDO EL SAX

NUEVA NOTA *RE* ALTO

Fíjate como para tocar esta nota vas a tener que apretar a la llave de la octava con el dedo gordo de la mano izquierda para que se oiga el sonido alto o agudo del saxofón.

Esta nota está enseguida de DO agudo, el orden de las notas es: DO, RE, MI, FA, SOL, LA SI, DO. Así que después de DO sigue RE. Toca esta nota al igual que todas las demás, con el sonido claro y nota larga con mucho aire. Recuerda que necesitas aire para tocar este instrumento. Toca la canción que sigue pero escúchala primero en el CD para que oigas como suena.

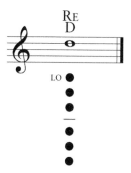

17 QUE *RE* BONITO ES EL SAX

Esta canción es un poquito mas rápida que las demás, pero no te preocupes con práctica la vas a poder tocar fácilmente igual que las demás.

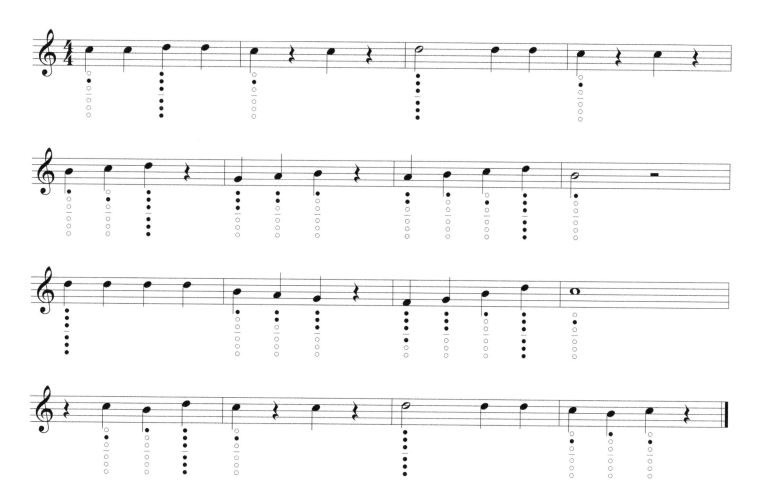

SIGNOS DE REPETICIÓN

Los barras de repetición sirven para repetir un fragmento de música para que no se tenga que escribir lo mismo dos veces. Si vas a tocar algo y lo quieres repetir en lugar de escribirlo otra vez, se acostumbra poner los barras de repetición.
Cuando la canción se repite desde el principio, se pone sólo el símbolo de la derecha.

La música que esté escrita en medio de estos dos signos siempre se debe de repetir.

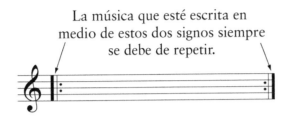

Todo lo que esté dentro de los dos barras de repetición, o sea las doble barritas con puntitos, se debe repetir. Fíjate que unos puntitos están del lado izquierdo y los otros del lado derecho de las barras.

18 UNO AL DÍA NO. 1

Estos ejercicios que voy a poner durante todo el libro son muy buenos para adquirir un poco de técnica en el instrumento. Si los tocas cuando menos uno al día, te garantizo que en muy poco tiempo vas a notar la diferencia en tu forma de tocar el saxofón. Escoge el que quieras y practícalo diariamente. Tienes que tocarlos todos por lo menos unas 10 veces cada uno. Fíjate cómo se repite y te ayuda mucho para la embocadura. Éstos son ejercicios de técnica y la técnica es muy importante a la hora de tocar un instrumento.

Sólo vas a usar los tres dedos de la mano izquierda. Primero escucha el CD.

19 UNO AL DÍA NO. 2

Como puedes ver, sólo puse las primeras notas con el dibujo del saxofón. Tienes que empezar a acostumbrarte a ver las notas en lugar de ver el dibujo. Recuerda: ¡apréndete cómo se tocan las notas. Y recuerda, ¡mínimo 10 veces al día!

Nueva Nota *Mi* Alto

Aquí tienes una nota más alta. No te preocupes aunque la oigas muy alta, así se oye en el saxofón. Esta nota también lleva la llave de la octava igual que el Re anterior. No se te olvide practicar notas largas con cada nota nueva que aprendas.

Otro dato curioso es que la nota Mi que aprendiste en las páginas anteriores se toca sin apretar la llave de la octava, practica el Mi agudo y el Mi grave.

Fíjate en el ejercicio de la siguiente página.

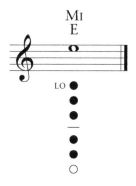

20 A *MI* ME GUSTA TOCAR EL SAX

En esta canción sólo vas a tocar el Mi agudo para que lo aprendas a tocar bien. Más adelante vas a combinar las notas graves con las agudas.

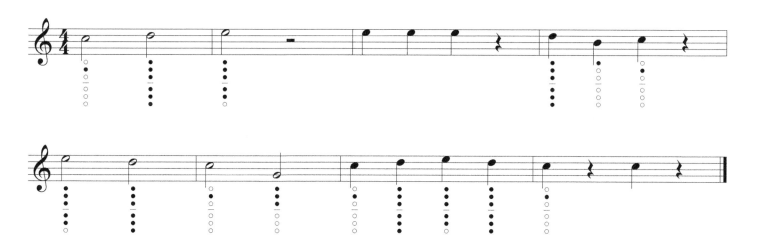

21 UNO AL DÍA NO. 3

En este ejercicio vas a practicar lo que en la música se le llama octava. Una octava es la distancia que hay de Mi a Mi; o sea 8 notas de distancia (Mi, Fa, Sol, La, Si, Do, Re, Mi), o de Do a Do, etc. Fíjate en este ejercicio y vas a oír cómo se oye una nota grave y una nota aguda; es la misma nota pero a 8 notas de distancia.

22 MIS PRIMEROS PININOS

Esta canción está en varios libros de esta misma serie y la razón es porque es muy fácil de tocar. Escúchala primero en el CD y luego tócala. Escucha también que al final dura un poco más tiempo que los cuatro tiempos. Porque tiene el calderón arriba de la nota. La música tiene muchos símbolos y debes aprender a reconocerlos y saber para qué sirven.

calderón

Éste símbolo, se llama *calderón*, y sirve para detener el tiempo, quiere decir que cuando lo veas, dejas de contar el tiempo y duras lo que tu quieras. Por lo general, siempre dura un poco mas de lo que está marcado.

23 REPASO DE NOTAS DE *MI* A *MI*

Éste es un repaso de las notas que ya debes de conocer. Son 8, de MI bajo a MI agudo.

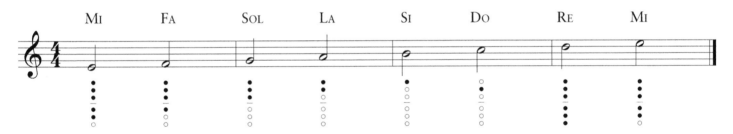

Ahora toca este ejercicio. Podríamos llamarle canción, pero la verdad es que es muy simple para ser una canción.

24 TWINKLE, TWINKLE LITTLE STAR

Esta canción es realmente famosa porque es muy fácil de tocar, tiene una melodía muy contagiosa, trata de tocarla bien bonito en el saxofón y escucha el CD.

Nueva Nota FA#

En la música hay notas con alteración, los sostenidos (#), y los bemoles (♭) son alteraciones para dar a la nota un sonido diferente. Aqui tienes una nota que se usa en el tono de SOL, fijate en la cancion anterior, esta en el tono de SOL, pero la melodia no usa ningun FA#, pero ahora ya te vas aprender esta not. Recuerda que cada nota que aprendas nueva, debes de practica con notas largas, para agarrar buena embocadura y buena afinacion.

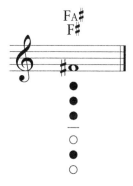

25 MELODÍA SENCILLA CON FA#

Practica esta melodía varias veces hasta que te salga bien.

Fíjate que esta nota está alterada, tiene un sostenido que la aumenta medio tono hacia arriba.

Nueva Nota FA♯ Agudo

Ya vas entendiendo más como se toca el saxofón, ¿verdad? Es muy fácil. ¿Te fijaste que la nota Mi grave se toca igual que la nota Mi aguda sólo con la llave de la octava. Pues fíjate en el FA♯ grave como lo tocaste y ahora el FA♯ agudo; ¡sólo se pone la llavecita de la octava y listo! De esa forma funcionan las notas en el saxofón y sólo es cosa de que las practiques. Poco a poco vas a ir entendiendo más y más. Recuerda tocar notas largas.

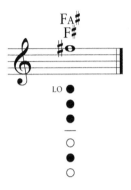

26 MAS DEL FA♯

Ahora vas a tocar esta melodía en el tono de SOL *mayor*. Una cosa importante es la armadura. Fíjate en la canción anterior. Como ves hay varios FA♯ y cada vez que vas a tocar uno de ellos, hay que ponerle el símbolo (♯). Para evitar todas estas repeticiones, se usan las armaduras. Al principio de la partitura se pone el sostenido (♯) y eso significa que todos los FA van a ser FA♯. No importa si es un FA grave o agudo. En donde quiera que esté lo vas a tocar FA♯. La forma correcta de escribir música es usando las armaduras.

27 UNO AL DÍA NO. 4

¿Recuerdas estos ejercicios diarios? Aquí tienes uno en el tono de SOL *mayor*. Primero escúchalo en el CD.

NUEVA NOTA *SOL* ALTO

Ya conoces varias notas. Aquí tienes una nota nueva: SOL agudo. Esta nota se toca usando la llavecita de la octava. Fíjate que el SOL grave es igual pero sin la llavecita. ¿Te das cuenta como es muy fácil entender el saxofón?

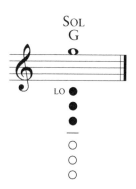

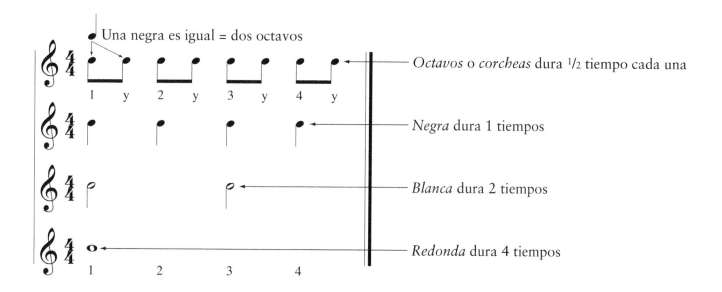

Una negra es igual = dos octavos

Octavos o *corcheas* dura $^1/_2$ tiempo cada una

Negra dura 1 tiempos

Blanca dura 2 tiempos

Redonda dura 4 tiempos

28 UNA NOTA MÁS

29 ESCALA DE *SOL*

Como habrás notado al estar tocando las canciones y al hacer melodías, varias notas se repiten. Al tocar en un tono casi siempre son las mismas notas las que se usan para tocar una canción. Esas notas al ponerse en orden forman una escala. Las escalas son la base de la música y debes conocerlas todas además de saberlas tocar muy bien. Aquí te pongo la escala de SOL *mayor* para que la conozcas. Ya debes de conocer todas las notas, pero ahora van en orden. En el libro *Armonía* de esta misma serie, te enseño la forma de hacer todas las escalas y todos los acordes. Si sabes las escalas y los acordes, te garantizo que vas a tocar todas las canciones que quieras.

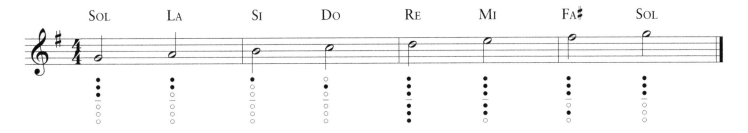

30 LONG LONG AGO

Con lo que ya sabes tocar del saxofón y con las notas que conoces, ya puedes tocar muchas melodías sencillas. Las canciones infantiles por lo general son las primeras en aprenderse, porque son muy sencillas, tienen poco ritmo y pocas notas. Ésta es una canción tradicional de los Estados Unidos.

Hay otras canciones como *Oh, Susanna, Skip To My Lou, London Bridge, Lindo pescadito, Pin pon* y muchas más que probablemente yo no conozca y tú sí. De verdad te recomiendo un libro adicional de canciones al mismo tiempo que vas tocando y aprendiendo notas nuevas.

No dejes de tocar notas largas.

Y toca los ejercicios de *Uno al día* junto con las escalas todos los días.

31 SOLAMENTE DOS VECES

Esta canción parece una tonadita infantil y está en el libro de teclado de esta misma serie. Recuerda respirar en las partes adecuadas, porque el aire no te alcanza para toda la canción y si respiras en donde no debe ser, se oye diferente. Te pongo una comita para ayudarte.

El compás de ⁴⁄₄, es el más común. El número de arriba te dice cuántas notas hay en un compás; o sea, hay 4 notas en un compás. Ahora para saber de qué clase son las notas, entonces vemos el número de abajo. En este caso es también 4, entonces cada nota es de ¹⁄₄, o sea una negra, entonces tiene 4 notas negras. O cualquiera de sus equivalentes: 2 notas blancas, 8 corcheas, 1 redonda etc. El número de abajo te dice qué tipo de notas son.

El compás de ³⁄₄, se usa para rancheras o música de vals y también es muy común. El número 3 de arriba te dice que tiene 3 notas en un compás. El número de abajo es también 4, entonces el tipo de notas son también negras. Tiene 3 negras o 3 notas de 1 tiempo cada una. Por supuesto que también lo puedes hacer con su equivalente, 1 blanca y 1 negra o 6 corcheas o 1 blanca con puntillo.

El tiempo en la música es muy importante. En este caso, en cada compás debe de haber 3 notas (recuerda que el número de arriba dice cuántas notas debe de haber). Por supuesto cada nota vale un tiempo; o sea, hay 3 notas negras en cada compás porque una nota negra vale 1 tiempo.

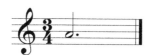

El puntillo (puntito) que se pone enfrente de las notas aumenta el valor de la nota la mitad de lo que vale.

Si la nota blanca dura 2 tiempos, entonces:

Blanca + Puntillo = 3
2 + 1 = 3
♩ + . = 3

La ligadura es una rayita que une a dos o más notas para alargar la duración de la nota.

ligadura

Laaaaaaaaaaaaaaaaaaaaaaaaaaa

En este caso cada nota con puntillo dura 3 tiempos, pero en este ejemplo la ligadura une a 2 notas de tres tiempos + 1 nota negra de 1 tiempo. Entonces la primer nota se toca pero durante 7 tiempos, o sea se hace laaaaaarga. La nota más larga que hay es de 4 tiempos, pero con la ligadura podemos hacer notas de 5 tiempos o de 7 o de 14 o de 30 si queremos. Tan sólo se unen las notas y se toca únicamente la primer nota alargando el sonido.

 32 RANCHERA

Esta canción está en ¾, un compás nuevo para ti. Como es una canción ranchera, la velocidad va un poco más rápido. Primero escucha el CD para que sepas como va. Luego tócala junto con el CD. Ten cuidado al final en las negras, porque van rápido y recuerda que la ligadura alarga el sonido de la nota.

Nueva Nota Fa Alto

Algunas veces cuando tocas en el tono de SOL *mayor*, usas la nota de FA natural en lugar del FA♯, por eso te pongo esta nota para que te la aprendas. Esta nota es igual que el FA grave, pero ahora toca la llavecita de la octava.

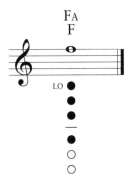

Cuando hay varias corcheas juntas, normalmente se le pone una barrita atravesada para unirlas todas y así poder leerlas más fácilmente.

33 ASI ME GUSTA TOCAR

34 DE TODO UN POCO

En esta canción, vas a practicar varios ritmos que ya conoces además de la respiración. Practica respirar en lugares diferentes para que notes la diferencia.

NUEVA NOTA Si♭ ALTO

Con las notas que ya conoces, puedes hacer la escala de SOL *mayor*. Existen también otras escalas. Como ya conoces la nota de FA aguda y grave, te voy a presentar a una nota nueva que te ayudará a saber la escala de FA *mayor* más adelante. Esta nota es la nota de Si♭ aguda. Recuerda que el saxofón está en MI♭. Hay saxofones en Si♭ y ésa es la nota más baja que pueden tocar los saxofones. Es un poco difícil de tocar y requiere de más práctica, por eso te pongo la nota alta, porque es muy fácil.

Si tienes dudas de cómo tocar alguna nota en particular, revisa el diagrama de todas las notas al principio del libro.

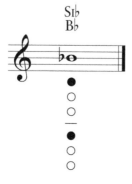

35 ASI SE TOCA EL *Si♭*

DIFERENTES FORMAS DE TOCAR LA MISMA NOTA

Como el saxofón tiene muchas llavecitas, se pueden hacer varias combinaciones para producir el sonido. Hay algunas notas que se pueden tocar de forma diferente. Es la misma nota, pero con llaves diferentes. El Si♭ es una de estas notas. El Do agudo, el Fa♯ grave, el Sol♭ agudo son otras. Decidir cuál tocar, es algo que vas a ir descubriendo con la práctica. De momento practica las tres formas y ve cuál se te hace más fácil, las tres se oyen igual.

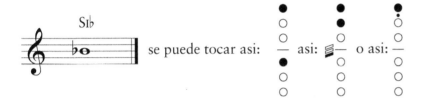

36 ESCALA DE *FA*

Fíjate al principio de la escala que hay un bemol (♭). Ésa es la armadura de Fa *mayor* y todos los Si deben de ser bemoles. Toca esta escala varias veces hacia arriba y hacia abajo, al igual que la escala de Sol y todas las escalas que aprendas. Primero tócala lentamente. No trates de tocarla muy rápido, la velocidad vendrá con el tiempo y con la práctica.

REPASO DE NOTAS

Te pongo todas las notas que ya debes de saber y tocar muy bien para después continuar con más. Toca una por una notas largas y luego tócalas todas en forma de escala: seguiditas, hacia arriba y hacia abajo y di los nombres de cada una de ellas para que te las sepas al derecho y al revés.

NUEVA NOTA RE BAJO

Esta nota es muy grave, o sea muy baja de tono. Cuesta un poco de trabajo tocarla pero igual la debes de conocer. Practícala mucho porque te va a ayudara a conocer la escala de RE más adelante.

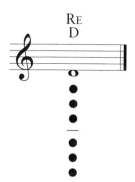

Otra cosa importante a tener en cuenta, es el volumen. En música se le llama la dinámica. Es como bajarle y subirle de volumen a un equipo de música. En el saxofón, lo único que haces es soplar con *mayor* o menor fuerza. Si le soplas fuerte se oye fuerte. Cuando dominas bien la dinámica, el sonido del saxofón es muy bonito. Practica bajando y subiendo de volumen.

p   *piano*   *mp*   *mezzopiano*   poco a poco vas
        volumen bajito   volumen medio bajito   subiendo el volumen

f   *forte*   *mf*   *mezzoforte*   poco a poco vas
        volumen fuerte   volumen medio fuerte   bajando el volumen

37 SUBIENDO Y BAJANDO DE VOLUMEN

Escucha el CD para que oigas cómo se baja y sube de volumen en la música. Los símbolos de dinámica que se pueden en las partituras son necesarios para que el compositor o el arreglista indiquen en qué parte de la canción se debe de tocar más fuerte o más bajo. Cuando la música no tiene símbolos de dinámica, es recomendable usar el sentimiento a la hora de tocar. Lo que sí es importante es que de aquí en adelante no toques todo parejo; de repente toca bajito y luego súbele de volumen. Eso le va a dar más vida a las canciones que toques.

El volumen es relativo, depende del volumen anterior, pero si ves la doble *ff* es un volumen muy fuerte.

38 UNO AL DÍA NO. 5

Los ejercicios *Uno al día* son muy importantes, en ellos se muestra cómo mejorar la técnica con la que vas a mover los dedos. Aquí te pongo varios de ellos y, por supuesto, no dejes de practicar los ejercicios anteriores que ya conoces. En éste vamos a practicar en el tono de RE *mayor* la nota RE grave y el intervalo de 5ª justa. Si no sabes bien lo que es un intervalo, te recomiendo estudiar el libro de armonía de esta misma serie.

39 UNO AL DÍA NO. 6

Aquí practicamos la octava justa y seguimos repasando la nota de RE grave. En este estudio sólo necesitas mover la llavecita de la octava.

40 UNO AL DÍA NO. 7

Aquí tienes más octavas. En este ejercicio ya vas a tener que mover más los dedos. Escucha siempre el CD y trata de hacerlo a la misma velocidad que se muestra.

41 UNO AL DÍA NO. 8

Aquí hay cromatismo que es un término que se usa en música cuando las notas van seguiditas; de DO a SI y luego SIb y LA y repites y repites. Fíjate en las alteraciones.

Estos ejercicios sí te dan buen resultado después de 4 días de tocar. ¿No es cierto? Por eso se llama *Música fácil*.

Nueva Nota Do♯ Alto

Esta nueva nota es Do♯ agudo. Está en el tercer espacio y se toca con todas las llavecitas abiertas, es la única nota que se toca así, por eso va a ser muy fácil recordarla. Escucha el CD y tócala igualito. La nota de Do♯ se usa en la escala de Re y en algunas otras escalas. Aquí tienes una canción en el tono de Re *mayor* para que la practiques.

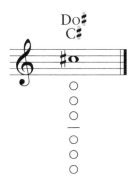

42 DE RE A RE

No hay mucho que decir en esta canción, sólo que la practiques hasta que te salga muy bien.

43 ESCALA DE RE

Aquí está la escala de Re *mayor*, una escala más para tu colección. No hay mucho que decir. Siempre que toques el saxofón, mantén los dedos curvados y tocando las llaves, listos para usarlos. No despegues las manos. Y recuerda practicar todas las escalas diariamente.

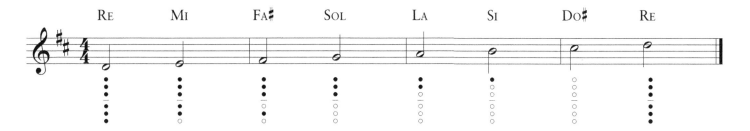

NUEVA NOTA MI♭ BAJA

Esta nota de MI♭ es baja, se oye grave. Usa la embocadura para dar el sonido. De aquí en adelante vamos más rápido. En esta misma página hay otra nota nueva. Una cosa importante en esta canción es la anacrusa.

Fíjate que al principio de la canción hay sólo una nota de 1 tiempo, en lugar de 4 notas para llenar un compás. A esto se le llama *anacrusa*.

Los tiempos que faltan en el primer compás se ponen en el último compás, de esa manera la música se completa.

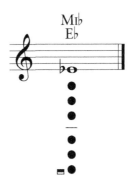

44 MELODIA CON MI♭

anacrusa

1...2...3...4...   1 y 2 y 3 y 4 y

nota blanca con puntito, dura 3 tiempos

NUEVA NOTA LA♭

Recuerda que en la música hay sostenidos (♯) y bemoles (♭). Si te digo que esta nota es LA♭, pues lógicamente también es SOL♯. La nota anterior de MI♭ también es RE♯. Se toca de igual forma. La diferencia es que en algunos tonos de la música se usa el bemol y en otros se usan los sostenidos. Poco a poco lo vas a entender.

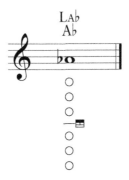

Esta es una melodía sencilla para que practiques el LAb. Fíjate en la armadura. Hay
3 bemoles, quiere decir que estás en el tono de MIb y aunque no están todas las
notas de la escala de MIb, de todos modos, da el color de esa tonalidad.

46 TODO POR TI

La ligadura alarga el valor de la nota, recuerda que sólo se toca la primera nota.
No se te olvide cuidar que cada nota que toques, se escuche bien clarita y mantén el
mismo tiempo durante toda la canción, no la hagas más rápida o más lenta y
recuerda que empieza en anacrusa. Ya conoces todas estas notas.

COMPAS DE ²⁄₄

En un compás de ²⁄₄, debe haber 2 tiempos; o sea, 2 negras cada una. Las notas
negras duran un tiempo cada una, por eso hay 2 negras en el compás. También se
puede utilizar cualquier combinación de notas y silencios para hacer los 2 tiempos.
Y si te digo cualquier combinación quiero decir que no hay límite. Usa tu imagi-
nación y lee mucha música. Te vas a dar cuenta de todas las posibilidades que hay
de llenar este compás. Aquí te pongo sólo algunas posibilidades con diferentes
notas, para que veas cómo se ven. Si puedes, trata de tocarlas.

⭐47 MARCHA NOCTURNA EN SAX

Esta canción la vas a tocar en ²⁄₄. Recuerda que el acento de la música siempre se hace en el primer tiempo. Lo más importante de los compases es sentir el tiempo. En realidad, de nada sirve contar perfectamente como un robot o como computadora. Lo importante es sentir la música y darle el tiempo adecuado. Esto es algo que lo vas a ir sintiendo con el tiempo. Por ahora, escucha el CD para que oigas como va esta canción.

dos cuartos

⭐48 LIGADURA EN *MI*

Este tipo de ligadura es una línea curva que une a dos notas *diferentes* o de diferente sonido. Soplas para tocar la primer nota, y con el mismo aire sin respirar otra vez, mueves los dedos para hacer la otra nota y así produces el otro sonido. Escucha siempre el CD.

Ligadura de Fraseo
Esta línea une dos notas *diferentes*; o sea, de diferente sonido. Se tocan las dos notas pero con una sola respiración.

Ligadura de Tiempo
Esta línea une a dos notas iguales del mismo sonido. Se usa para alargar la duración de la nota. Se toca la primera nota, pero se toca por el tiempo que duran las dos.

PRIMERA, SEGUNDA Y TERCERA VOZ

Como el saxofón no puede tocar dos notas al mismo tiempo, como por ejemplo el piano o la guitarra, entonces para tocar dos notas o más, se necesitan dos o más saxofones. Si quiero tocar dos notas al mismo tiempo uso dos saxofones. Uno de los saxofones toca la nota de arriba y el otro toca la nota de abajo. A la nota de arriba se le llama *primera voz*. A la nota de abajo se le llama *segunda voz*. Si se quiere hacer el acorde completo, en donde se deben de tocar como mínimo 3 notas, entonces se agrega un saxofón más. La nota más alta sería la primera voz, la nota de en medio sería la segunda voz y la nota de más abajo, la más grave, se le llamaría tercera voz.

Terceras

En la música hay varios términos que se parecen, pero significan diferentes cosas. En este caso se le llama *terceras* a dos notas que forman un intervalo de tercera, ya sea mayor o menor. O sea, cuando hay dos saxofones tocando una melodía, uno de ellos toca la nota más alta y es la primera voz o la primera. El otro saxofón toca la nota de abajo, o sea, la segunda. Pero si hay un tercer saxofón entonces tocaría la tercera (se refiere a la tercera voz). En los intervalos, o sea la distancia que hay de una nota a otra, se le llama *tercera* a la distancia que hay de Do a Mi por ejemplo o de Re a Fa.

De Mi a Sol hay una tercera de distancia (se cuentan las notas que hay de una a otra, Mi-Fa-Sol), de Do a Mi hay la misma distancia (Do-Re-Mi), de Fa a La también existe la misma distancia (Fa-Sol-La). ¿Te das cuenta que todas son terceras?

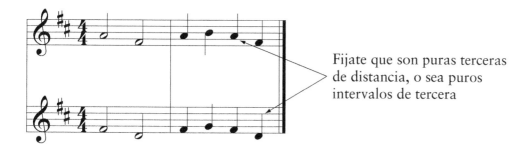

Fíjate que son puras terceras de distancia, o sea puros intervalos de tercera

49 TERCERAS CON AMOR

Si tienes un amigo que también toque saxofón, toca junto a él. Si no, usa el CD para acompañarte. La primera línea es la primera voz y la de abajo es la segunda voz. Escucha como se oye primero con un saxofón y luego con dos.

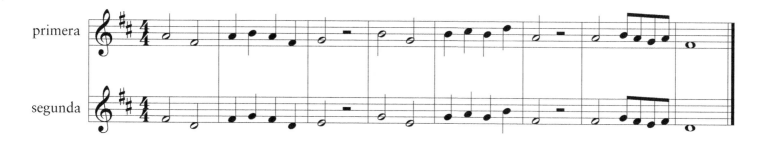

primera

segunda

SEXTAS

¿Recuerdas el intervalo de terceras? Hay otro intervalo muy popular que son las *sextas*. La sexta mayor y sexta menor también se usan mucho. La distancia de una nota a la otra en la sextas es más grande. Una sexta mayor es de DO a LA, porque hay 6 notas de distancia (DO, RE, MI, FA, SOL, LA). De RE a SIb es una sexta menor (RE, MI, FA, SOL, LA, SIb). La diferencia de una y otra es la cantidad de notas que hay. Si contamos todas, en una hay 10 notas y en la otra 9. De DO a LA hay una sexta mayor o 10 notas (DO, DO#, RE, RE#, MI, FA, FA#, SOL, SOL#, LA). de RE a SIb hay una sexta menor o 9 notas (RE, RE#, MI, FA, FA#, SOL, SOL#, LA, SIb). Fíjate que siempre se cuenta de la nota más baja a la nota más alta. Recuerda que saber y conocer los intervalos es parte importante de la música. Si quieres saber más sobre este tema, estudia armonía.

En este caso son puras sextas, mayores y menores

50 SEXTAS CON AMOR

Ahora toca este ejemplo igual que el anterior. Si oyes la primera, tú tocas la segunda. Si oyes la segunda, tú tocas la primera. Después de estas dos canciones, espero que comprendas lo que son los intervalos de 3ª y de 6ª.

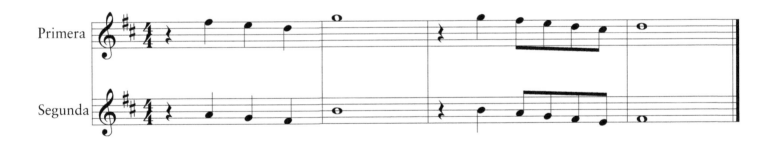

Ahora que acabas de tocar estas dos canciones ya puedes entender mejor lo que es una canción a dos voces y lo que son los intervalos de 3ª y de 6ª. También comprenderás lo que llaman popularmente la primera y la segunda voz. Aquí tienes un pedacito de una melodía, pero más que suficiente para darte la idea de cómo se hace una canción a dos voces.

Muchas felicidades por llegar hasta esta parte del libro. Sigue adelante y estoy seguro que, muy pronto, vas a tocar en una banda o en un grupo y vas a poder tocar muchas canciones que a ti te gusten. Por regla general el que mejor toca el saxofón, hace la primera voz. Espero que seas tú el primer saxofonista de tu grupo. Me gustaría que pudieras decir con orgullo : "Yo empecé a estudiar el saxofón con los métodos de *Música fácil*." Espero que así sea y que eso motive a más personas a estudiar música, porque recuerda que la música es para siempre.

ACENTOS

En la música hay varios acentos, para dar más importancia a algunas notas o para acortar el sonido. También se usan los acentos para darle más importancia a cierta parte de la música. Sobre todo en el saxofón se usan mucho tipo de marcas (o *marks* en inglés), que son símbolos para expresar lo que uno quiere del saxofón. Estos son algunos ejemplos de esos símbolos. Con el tiempo y el estudio vas a aprender más. Cada uno de ellos se usa para algo en especial, algunos ya los conoces, otros los vamos a estudiar en esta página.

Estas curvitas son para ligar las notas con una sola respiración, dos notas un solo soplido.

Los punitos sobre las notas significa que hay que tocar la nota mas cortita que el valor normal, casi por mitad de lo que valen.

La *f* es para hacer el volumen fuerte o más recio, viene de la palabra *forte*, del idioma Italiano.

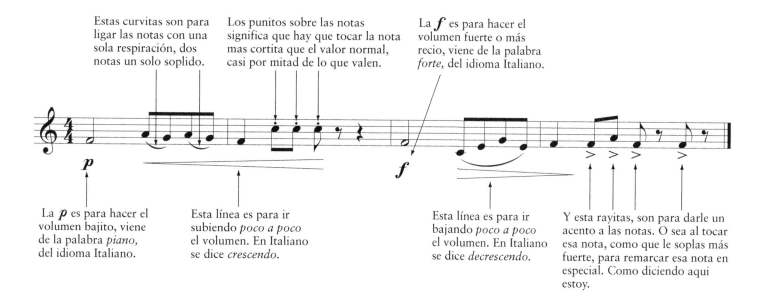

La *p* es para hacer el volumen bajito, viene de la palabra *piano,* del idioma Italiano.

Esta línea es para ir subiendo *poco a poco* el volumen. En Italiano se dice *crescendo.*

Esta línea es para ir bajando *poco a poco* el volumen. En Italiano se dice *decrescendo.*

Y esta rayitas, son para darle un acento a las notas. O sea al tocar esa nota, como que le soplas más fuerte, para remarcar esa nota en especial. Como diciendo aqui estoy.

51 ACENTOS Y MAS ACENTOS

Ahora que ya sabes que significa cada uno, toca esta canción y escucha el CD para tengas una idea de cómo se oye. Trata de respetar cada uno de los símbolos que veas. De aquí en adelante, cuando veas algo escrito trata de hacerlo lo mejor que puedas.

52 UNO AL DÍA NO. 9

Aquí tienes otros ejercicios diarios. Cada uno de ellos te da la oportunidad de practicar algo especial en el saxofón y ciertas cuestiones técnicas del instrumento. Recuerda toca siempre uno al día.

53 UNO AL DÍA NO. 10

Este estudio es un poco más avanzado que los demás. Escúchalo en el CD y hazlo lento primero, nota por nota para después poco a poco ir aumentando la velocidad.

RITMO NUEVO

Este ritmo es muy popular y se usa mucho, es una nota negra con punto. Dura un tiempo y medio no importa que el palito unido a la nota esté para abajo o para arriba, lo que cuenta es la cabecita de la nota. La nota negra que tiene puntillo es un poco más larga que la nota negra que ya conoces. Escucha el CD en la canción que sigue para que lo entiendas mejor. Una negra con puntillo vale lo mismo que 3 corcheas. En un compás de $\frac{4}{4}$, puede haber dos negras con puntillo y dos corcheas. Con esa combinación se pueden hacer infinidad de ritmos.

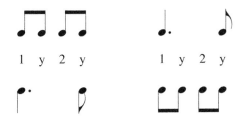

NUEVA NOTA Mi♭ ALTO

Esta nota es Mi♭, pero tambien es Re♯, recuérdalo. Se toca como el Mi♭ grave que ya conoces, pero con la llavecita de la octava. Eso es lo bonito del saxofón y la parte fácil de aprender. Las notas se tocan con los mismos dedos, pero sólo se usa la llavecita de la octava y listo. Otra cosa fácil es que una vez que sabes tocar este saxofón alto en Mi♭, automáticamente vas a poder tocar cualquier otro saxofón; el tenor, el barítono, el soprano, porque son los mismos dedos, las mismas llaves y las mismas notas, sólo cambia el tamaño y el tono, todo lo demás es igual. Así que échale ganas porque estás aprendiendo varios instrumentos al mismo tiempo.

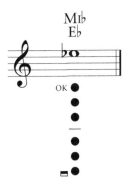

54 PRACTICA DE *MIb* ALTO

Son melodías sencillitas pero te sirven para practicar las notas. Toca con sentimiento, usa los volúmenes y respira en el lugar adecuado.

55 UN POCO DE TODO

Aquí tienes la oportunidad de practicar las notas bajas en el saxofón, el ritmo de negra con puntillo, el MIb, el LAb, y los símbolos de expresión.

56 MELODÍA RARA DE REPASO

Esta melodía es bastante rara. Tócala lentamente y escucha nota por nota del CD. Está hecha así de rara para que toques las notas como están escritas. Aunque la oigas rara, así es cómo se debe de tocar para que practiques las notas que conoces.

Esta es un *becuadro*. Anula el sostenido anterior. En lngles se le llama *natural*.

En esta melodía están todas las notas que conoces hasta ahora. La hice así de rara para que leas nota por nota. A veces cuando la melodía es muy lógica, casi se la aprende uno de oído y muchas veces no leemos las notas. Cuando la melodía es rara o diferente, nos fuerza a leer las notas con más cuidado. Así que ya sabes, lee siempre las notas para que aprendas mejor.

Nueva Nota Sol♯ Alto

Esta nota es una de las más agudas que vamos a estudiar en este libro. El saxofón puede tocar notas mucho más altas, Cuanto más aguda es la nota, más trabajo cuesta tocarla. Por eso tampoco te voy a poner las notas mas graves del saxofón. Si quieres saber cómo se tocan, ve al diagrama al principio del libro y practícalas. Esta nota es Sol♯ o La♭ y debes de poderla tocar fácilmente.

No se te olvide practicar los ejercicios *Uno al día* y las notas largas.

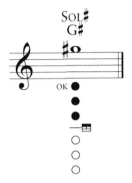

57 PRACTICA DEL SOL♯

Esta canción no esta tan rara como las anteriores pero de todos modos no es muy fácil de recordar. Te pongo melodías así para que leas mejor. Hay un compositor clásico que se llama Bela Bartók que yo escuchaba cuando estaba aprendiendo música. Recuerdo que tuve que tocar música de ese compositor y siempre me pregunté por qué no tocaba mejor canciones sencillas o que me gustaran a mí. Mi maestro me dijo: "porque si no conoces la música, te obliga a leer las notas." En esa época no le entendí bien, pero ahora sé lo que me quiso decir. Por eso yo te pongo cosas raras, para que uses la lectura.

58 TU DULCE AMOR

Esta canción por el contrario, es muy fácil y fácil de aprender, de tocar, de memorizar y la debes de poder tocar sin problema alguno. Ahora mira las primeras páginas del libro y te vas a dar cuenta que al principio para tocar algo así, tardaste mucho y ahora te resulta muy fácil. Con *Música fácil* sí aprendes.

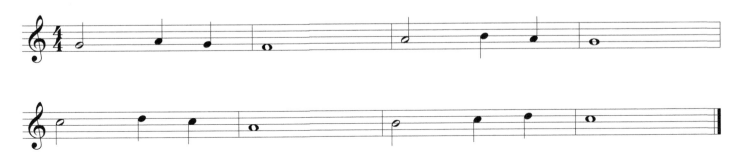

Un Poco De Armonía

Para que entiendas un poco más de la música te voy a dar una breve explicación de *armonía*. Ya sabes tocar muchas notas, pero en realidad sabes tocar más de las que piensas. Para que entiendas lo que quiero decir, te explico un poco.

La nota Do central en el saxofón es muy baja, pero la escribo aquí para ilustrar este ejemplo de teoría. El tono de Do mayor no usa ni un sostenido ni un bemol, o sea, todas las notas son naturales. Imagínate que estás tocando puras notas blancas en el piano.

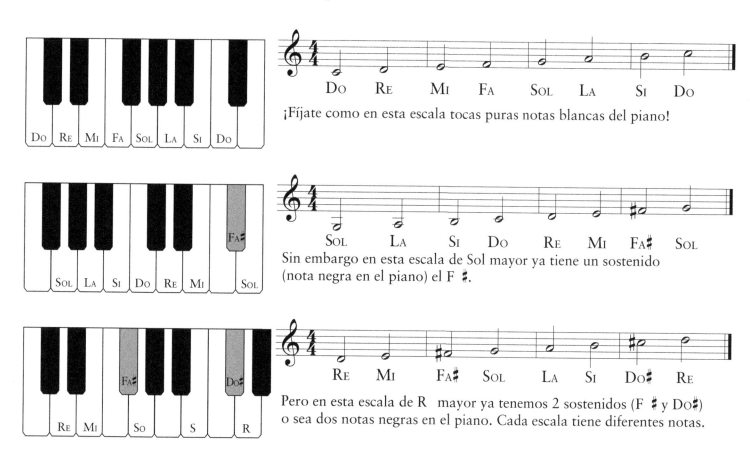

¡Fíjate como en esta escala tocas puras notas blancas del piano!

Sin embargo en esta escala de Sol mayor ya tiene un sostenido (nota negra en el piano) el F♯.

Pero en esta escala de R mayor ya tenemos 2 sostenidos (F♯ y Do♯) o sea dos notas negras en el piano. Cada escala tiene diferentes notas.

La escala de FA *mayor* por ejemplo, usa una sola alteración: el Si bemol (Si♭), o sea una nota negra del piano.

La escala de SI bemol *mayor* usa 2 bemoles (Si♭ y Mi♭), la escala de LA usa 3 sostenidos (FA♯, Do♯ y Sol♯)

Y así sucesivamente. Hay muchas escalas y con el tiempo cuando estudies más, las vas a conocer todas.

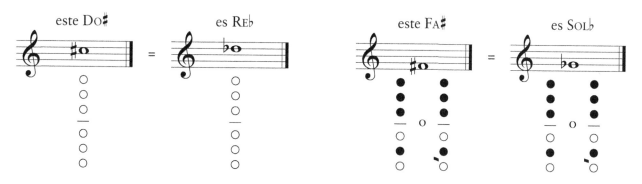

Y así como estas dos notas, hay muchas más. El Re♯ es igual que el Mi♭, a estas notas se les llama notas *enarmónicas,* se escriben diferente pero se escuchan igual. Así que tú ya sabes muchas más notas de las que pensabas, ¿verdad?

Nueva Nota Do Central

Por fin llegamos a la nota de Do *central*. No la había puesto antes, porque al principio es un poco difícil producir este sonido tan bajo en el saxofón. Pero creo que ya es hora. Practica esta nota primero con notas largas y el sonido parejito usando la embocadura. Luego trata de tocar las canciones. El dedo meñique de la mano derecha toca la llavecita que produce el sonido del Do *central*.

Advertencia: Recuerda que aunque estás leyendo el Do *central* y tocando el Do *central*, en realidad se escucha Mi♭ en el piano. Como se dijo anteriormente, el saxofón es un instrumento transpositor, ¿recuerdas?

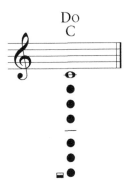

59 BACH NORTEÑO

Esta canción es una melodía muy antigua de Bach. La llamé *Bach norteño* porque es la misma melodía que uso en los demás libros de esta serie como en el de piano y guitarra etc. Un dato curioso: aun cuando la melodía está en el mismo tono y tiene las mismas notas que en el libro de piano, no se van a escuchar iguales si los tocas juntas (saxofón y piano), recuerda que el saxofón toca en Mi♭. La transportación de este instrumento es una sexta mayor hacia abajo. Cuanto más estudies armonía, más lo vas a entender.

Vas a tocar varias canciones usando la nota de Do, así que vas a tener tiempo de practicarla. Toca todos los días todas las notas que conoces una por una, bien afinado y usando mucho el aire.

🎵 60 DUETO EN DOS

Vamos a tocar este dueto, primero escuchas la canción completa en el CD; o sea, todo el tema musical 60. Luego practicas una por una las melodías. El pentagrama de arriba es la primera voz (o primera cuerda, como le llaman algunos), el pentagrama de abajo es la segunda voz o cuerda. Cuando escuches la primera en el CD, entonces tocas la segunda en el saxofón. Si oyes la segunda, tocas la primera. Cuando escuches la canción completa, puedes hacer lo que quieras. Inclusive puedes usar este tema para practicar y jugar; haces algunos compases en primera y otros en segunda. Va a ser divertido. ¡La música es divertida!

COMPAS DE $\frac{3}{4}$

En un compás de $\frac{3}{4}$ debe haber 3 tiempos; o sea, 3 notas de 1 tiempo cada una. Las notas negras duran un tiempo cada una, por eso hay 3 negras en el compás. También se puede utilizar cualquier combinación de notas y silencios para hacer los 3 tiempos.

Éstos son sólo algunos ejemplos de cómo puedes llenar los compases de $\frac{3}{4}$. Si tuviéramos más espacio en el libro y más tiempo, te podría poner miles de ejemplos diferentes.

6 ALLA POR EL RANCHO

En esta canción vas a poder practicar el compás de $\frac{3}{4}$. El tiempo de la canción va un poco rápido, así que ten cuidado de que se oigan todas las notas bien. Fíjate que la armadura tiene un bemol, así que estamos en el tono de FA *mayor*. Acuérdate de las ligaduras y tócalas como debe ser. Otra cosa que notar son los barras de repetición al final de la canción. Asegúrate de fijarte en todos estos detalles y escucha el CD. Estoy seguro que con todo esto vas a tocar bien bonito esta canción.

NUEVA NOTA DO# BAJA

Esta nota es DO# baja o también es REb y tiene sonido muy grave. Usa una combinación de llaves distinta. Fíjate en el dibujo y practícala. Como todas las notas nuevas que estás aprendiendo, tócala en notas largas y practícala bastante para luego tocar las canciones que llevan esa nota.

Con esta nota y el LA que sigue, son todas las notas que voy a usar en este libro. Así que ya casi eres un profesional en el saxofón.

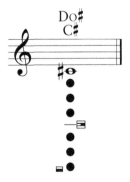

Esta canción en ⅔ es un ejemplo de cómo se puede tocar la nota de Do♯. Estamos en el tono de RE *mayor* y por eso se usa la nota de Do♯, porque está dentro de la escala de RE *mayor*.

Me imagino que a estas alturas debes de comprender lo importante que son las escalas.

NUEVA NOTA *LA* ALTA

La nota de LA aguda es la nota más alta que vamos a estudiar en este libro. El saxofón puede tocar notas más altas, pero esas las veremos en otro libro. Si quieres saber como se tocan, ve al diagrama al principio del libro y practícalas. Estoy seguro que si entendiste bien este método vas a poder tocar cualquier nota.

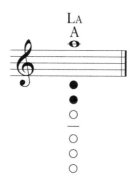

64 VALS ROMANTICO

Éste es un vals lento, así que al tocarlo debes seguir la entonación romántica. No es lo mismo tocar una nota en una canción lenta, que la misma nota en una canción rápida. La forma de entonar el saxofón funciona como la voz humana, la forma de interpretar la melodía en el instrumento depende del estilo de la canción a tocar.

65 COMO YO TE SIENTO

Ésta es una pequeña melodía que compuse en 1986, cuando estaba estudiando en el Conservatorio Nacional de Música de la ciudad de México.

🎵66 DUETO EN TRES

Una cosa importante en esta canción es la armadura. Fíjate que al principio de la música hay tres sostenidos (♯) que están en la quinta línea, tercer espacio y por arriba de las 5 líneas. Eso significa que está en el tono de LA♯ *mayor*. Entonces todas las notas que sean FA, DO o SOL en lugar de ponerle el sostenido a cada una, se pone al principio de la canción ¡y listo!

armadura de LA

acuerdate que esta nota es SOL♯

Esta canción va un poco rápida para que dé el sonido de la melodía. Si te cuesta trabajo tocarla así de rápida, tócala lento primero, poco a poco y nota por nota. Cuando ya la puedas tocar lento, trata de tocarla rapidito. Como te pedí antes, toca la primera voz y después la segunda.

🎵67 DUETO EN CUARTO

Esta canción está en el tono de LA *mayor*. De nuevo, fíjate al final como tiene un solo de saxofón en la primera voz mientras que el saxofón de la segunda voz sólo acompaña. Esta canción se llama *Somos una familia de Dios*. La letra de esta canción habla de lo bello que es la familia y lo importante que es el amor, aquí sólo está la música de esta bella canción.

armadura de LA

Aqui empieza el solo de sax al final de una cancion, esto es muy commun en el sax.

RITMO NUEVO DE TRESILLOS

Los tresillos son tres notas tocadas en un solo tiempo y cada una de las notas vale lo mismo. A este tiempo se le llama tiempo *ternario*. Imagínate que un dólar lo divides en tres partes iguales, cada moneda valdría 0,33 centavos y un poquito más. Las negras que has hecho valdrían 0,25 centavos y las notas de blancas valdrían 0,50 centavos.

68 TRESILLOS Y MAS TRESILLOS

Aquí tienes una canción sencilla en donde puedes practicar cómo se oye el ritmo de tresillos. No es difícil tocarlos, sólo se requiere un poco de práctica y vas a ver que es igual de fácil como tocar las corcheas. En esta misma canción, hay un ritmo con corcheas, así que ten cuidado de hacer el ritmo lo más exacto posible. Escucha el CD para que sepas como va. Otra cosa en la que te debes fijar es en los sostenidos. Fíjate cómo hay varias notas que tienen sostenidos enfrente de la nota y en algunos compases hay una sola nota con sostenido, pero las demás notas iguales también llevan sostenidos. Hay una forma más fácil de escribir tantos sostenidos; con las armaduras.

TRESILLOS Y MAS TRESILLOS, CON ARMADURA

Aquí tienes la misma canción, pero con armadura al principio. Como tiene armadura, entonces no lleva los sostenidos en cada una de las notas. Ya te lo había dicho antes, te lo repito una vez más para reafirmar esa idea. De aquí en adelante ya vamos a escribir con armadura siempre, como debe de ser. Para que te sirva de repaso, vuelve a tocar la misma canción.

69 ESCALA DE DO

Aquí tienes otra escala más, la escala de Do *mayor*. Ya debes conocer las escalas de Sol *mayor*, Re *mayor* y Fa *mayor*. Recuerda que es muy importante saber tocarlas muy bien.

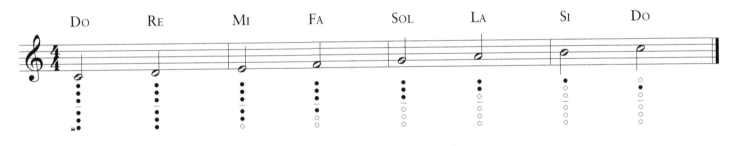

70 LA NOTA FINAL

En esta canción vas a combinar los tresillos con las corcheas. Ten cuidado con ese tipo de ritmos y escucha el CD. No es difícil, sólo requiere un poco de práctica y oído.

⑦ UNO AL DÍA NO. 11

Continuamos con los ejercicios de *Uno al día*. Espero que hayas estado haciendo los anteriores como te había dicho. En este vas a darle un pequeño acento en la nota del 4º tiempo. La rayita horizontal significa que vas a soplar con mayor fuerza esa nota. Repite cada uno de estos ejercicios como debe de ser, *uno al día*.

⑦ UNO AL DÍA NO. 12

Aquí tienes otro más. Este tipo de estudios son realmente muy buenos y te van a servir mucho. Aquí practicamos las notas altas y un poco de cromatismo, que se usa mucho en el saxofón.

CONSEJOS SOBRE NOTAS ALTAS

Los instrumentos de metal, como el saxofón, la trompeta, el trombón y la tuba usan aire para poder producir el sonido. En el saxofón las notas altas cuestan un poco más de trabajo tocarlas. Tienes que tocar con mayor fuerza y apretar más los labios para producir el sonido. Debes también desarrollar más el oído musical para poder distinguir si la afinación es la correcta. Estos son algunos consejos que te ayudarán a lograr tocar notas altas o muy bajas en el saxofón.

1. Practica a diario notas largas. Asegúrate que el sonido dure igual, sin temblar, o sea sin variar el sonido. Comienza con notas bajas y poco a poco vas tocando las notas altas.

2. Practica las escalas todos los días. Por ejemplo, si tocas la escala de Do, empieza en Do abajo y termina en Do arriba. El Do de arriba hazlo lo más largo que puedas, usando la mayor cantidad de aire posible.

3. Practica por 5 minutos puras notas altas: MI - RE - DO - RE - MI - MI - RE - MI, etc. y descansa por otros 5 minutos. Repite este tipo de ejercicios por media hora dos veces a la semana. Luego haz lo mismo con las notas bajas.

4. Si practicas a diario durante unos 6 meses, vas a poder lograr una embocadura muy buena. Escucha mucha música de todo tipo para que desarrolles el oído musical lo mejor posible.

Estos son algunos consejos muy buenos, pero el mejor de todos es ¡*practicar*!

 REPASO DE RITMO

74 CANTARÉ

Este símbolo se llama calderón. En la música se usa para detener el tiempo. Cuando cuentas la música y ves un calderón, el tiempo se detiene; o sea, dejas de contar y normalmente la nota dura el tiempo que tú quieras. Por lógica debe de durar poquito más tiempo del que está escrito. Una vez un alumno me dijo que si dura el tiempo que yo quiera, lo puedo hacer más corto y la respuesta es no. Es el tiempo que tú quieras, pero más largo. Porque si el compositor quisiera que esa nota con calderón se tocara más corta, hubiera puesto una nota de menor duración, ¿no crees? Cuando el compositor le pone el calderón es para alargar la nota y darle sentimiento a la canción. Tiene lógica, ¿verdad?

75 UNO AL DÍA NO. 13

Aquí tienes un ritmo de negra con puntito. Fíjate que al final vas a tener mucho cuidado con las corcheas. Además el tresillo tiene un ritmo muy peculiar.

76 EL CHA CHA

En esta canción vas a practicar la *armadura* de RE *mayor*. Ya habías tocado canciones antes en este tono. Te recuerdo solamente que todas las notas que llevan sostenido en la armadura, deben de llevar sostenido en toda la canción. En este caso las notas que se alteran son el FA♯ y el DO♯. Esta canción va rapidita. Si puedes aprendértela de memoria mejor, eso significa que ya te la sabes muy bien.

77 UNO AL DÍA NO. 14

Las primeras cuatro notas de este ejercicio van ligadas; o sea, que en una sola respiración tocas las cuatro notas, por eso tiene una rayita oblicua arriba de las cuatro notas. Lo mismo pasa en el segundo compás. En los últimos dos compases hay puras corcheas con acento, o sea un puntito arriba de cada nota. Eso significa que vas a tocar cada nota bien cortita. Escucha el CD para que sepas como se oye.

78 VOLVERÉ CON LA BANDA (SAX)

Vamos a tocar esta canción siguiendo la tradición y el estilo de música de *Música fácil*. En el libro de trompeta se encuentra la misma canción. Lo que escribo aquí para el saxofón, es la parte que toca el saxofón y se le dice *parte*. En un arreglo los instrumentos de viento, como el saxofón, no tocan todo el tiempo, sólo en ciertos lugares. A continuación está el arreglo completo de esta canción y tu sólo vas a tocar lo que está escrito en esta página. En el arreglo completo vas a ver la línea del saxofón. Vas a notar también otras notas porque está escrito en el tono de concierto; o sea, igual que los demás instrumentos. Aquí está en otro tono para que se oigan iguales. Tócalo solo y luego con el acompañamiento.

79 VOLVERÉ CON LA BANDA (ARREGLO COMPLETO)

Éste es el arreglo completo que está en el tono de RE *mayor*. Fíjate que el saxofón está en RE *mayor* también, pero cuando lo tocaste solo estaba en SI. Repasa esta partitura general y lo vas a entender. Escúchala bien y trata de reconocer por oído todo lo que hace cada uno de los instrumentos. Fíjate que arriba de los compases tanto en esta partitura general, como en la *parte* del saxofón hay unos numeritos. Son los que te dicen el número de compás para que cuando ensayan en grupo, puedan comenzar en cualquier compás que quieran. ¡Felicidades por llegar a este nivel, vas muy bien!

La música debe ser fácil. Si ya lo entendiste todo, vas a poder tocar la melodía de las trompetas, aunque estén en otro tono y no se oigan igual con el grupo, pero al menos vas a saber cómo va la tonadita. Eso es lo importante de leer música. Espero que hayas entendido todo. ¡Enhorabuena una vez más!

82 UN BOLERITO PARA TI (SAX I)

Ya estamos a punto de terminar el libro. ¿Te das cuenta que tocas muy bien verdad? Ésta es la última canción de este libro. Ésta es una canción al estilo mariachi que se toca con violines, trompetas, guitarra, vihuela y guitarrón. Aunque el saxofón no se usa en el mariachi, te pongo esta canción al estilo mariachi para que sepas cómo es este tipo de música. Normalmente el mariachi usa 2 trompetas; primera y segunda. En este caso, vas a tocar con el saxofón las notas que tocaría la trompeta. Puedes hacer primera y segunda si sabes de alguien más que toque el saxofón también. Toca las notas en el tono que están escritas. Al final vas a oír el arreglo completo de mariachi. Aunque no lo puedas tocar junto con el saxofón, te sirve para oír este estilo de música.

Al estudiar un instrumento, es importante el estudio de la música en general, el solfeo, la armonía y la teoría son cosas básicas para aprender música y poder tocar el instrumento mejor. También es importante la técnica del instrumento, que son ejercicios diarios como los que hiciste de *Uno al día* y las escalas. Todas estas cosas te ayudan a tocar mejor. Pero lo más importante es la actitud que tengas. Si te propones ser buen músico, lo vas a lograr. Ojalá que este libro te haya motivado para seguir estudiando, porque aún hay más que aprender. Este libro fue sólo el comienzo. Ahora, basta de plática y manos a la obra: toca esta canción como todo un buen músico.

83 UN BOLERITO PARA TI (SAX 2)

Esta es la segunda voz en el saxofón. Con esto te das una idea de como se toca la música de mariachi.

(84) UN BOLERITO PARA TI (ARREGLO COMPLETO)

Éste es el arreglo completo (o como se dice en inglés *Full Score*) de mariachi; o sea, todos los instrumentos al mismo tiempo. Escucha el CD y vas a darte cuenta que se escucha la música de mariachi. Esto es sólo un estilo de música. Mientras más aprendas, más variedad y estilos de música vas a poder tocar. Sigue estudiando y nos vemos en el próximo libro.

Fíjate que en el pentagrama de la guitarra hay varias notas. Están escritas así porque muestran cómo se toca el acorde. Puedes leerlas así o simplemente tocar el acorde de arriba. En la línea de la vihuela, sólo está marcado el ritmo y se usa el nombre del acorde porque los acordes en la vihuela se tocan de forma diferente que en la guitarra. Aunque toques saxofón, es bueno que aprendas a leer música en general y que entiendas cómo se escribe la música para otros instrumentos. Eso es lo que necesita saber un buen músico. Por esa razón, me gusta poner la partitura completa de la música. Fue así cómo yo aprendí, escuchando y leyendo música al mismo tiempo, eso es lo mejor porque usas la mente, la vista y el oído al mismo tiempo.

La música se lee de izquierda a derecha y normalmente se pone los sonidos graves abajo y los sonidos agudos arriba. Por eso el guitarrón se escribe abajo y el violín se pone arriba. Fíjate en los acordes de arriba que son para la guitarra. El nombre de los acordes son para la vihuela. Notarás que los nombres de los acordes están en inglés, ya que es muy común ver los acordes escritos así. Te los escribo para que los conozcas. En inglés se usan letras en lugar de nombres de notas. Los nombres que se usan en inglés son los siguientes: || Do = C || Re = D || Mi = E || Fa = F || Sol = G || La = A || Si = B ||

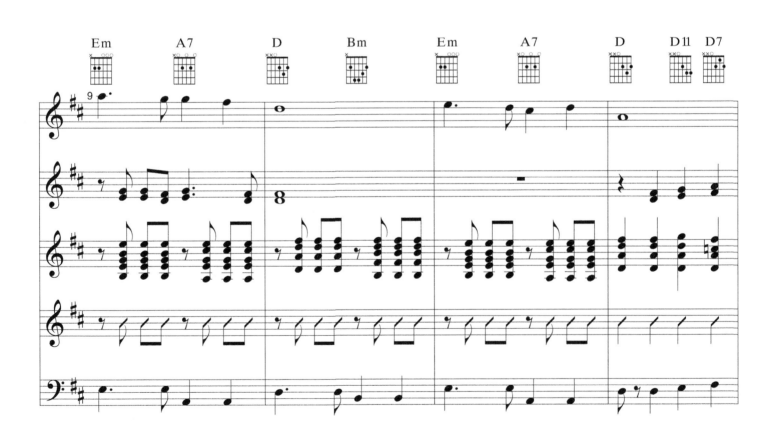

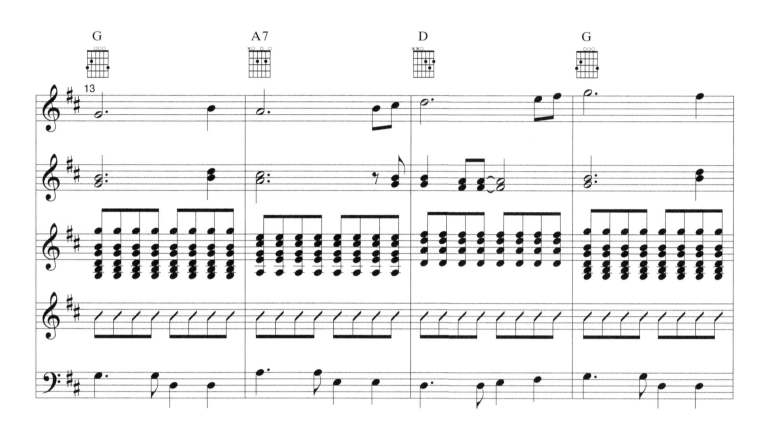

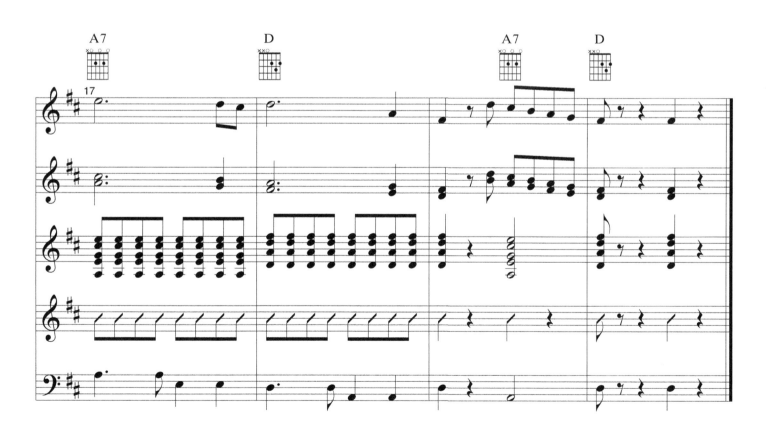

85 UNO AL DÍA NO. 15

En este ejercicio vas a practicar las corcheas y los tresillos. Trata de mantener el ritmo parejito y no confundirte cuando es uno y el otro. Siempre revisa la armadura antes de empezar a tocar para que sepas cuáles notas usan alteraciones.

86 UNO AL DÍA NO. 16

La idea de este estudio es la parte donde está el FA♯ con las semicorcheas. Bajas el volumen y lo subes repitiendo la misma nota. Éste es un sonido que se usa mucho en el saxofón. También se usa mucho la bajadita del final. Fíjate que son notas de la escala; por eso son tan importantes las escalas.

87 UNO AL DÍA NO. 17

Aquí está otro ejemplo de la importancia de las escalas ahora en el tono de RE *mayor*. Fíjate cómo suben muchas notas y al final hay una nota de paso que es el SOL♯. Después hay una bajadita pero de un poco diferente. No se te olvide subir y bajar el volumen.

88 UNO AL DÍA NO. 18

Empiezas con el volumen bajito y subes de volumen hasta acentuar la nota; o sea, que la tocas muy fuerte en el momento que dice *sfz*, es la abreviatura de *sforzando*, que significa esforzar el sonido, hacerlo más fuerte de lo normal.

⭐89 UNO AL DÍA NO. 19

Este ejercicio está fácil. Mira las notas, todas son negras, excepto el ultimo compás en donde hay una negra con puntillo que dura 3 tiempos. El compás es de ¾ y estamos en el tono de Do *mayor,* facilito ¿verdad? Lo importante de este ejercicio es hacerlo parejito y limpiecito; o sea, que se oiga bien a tiempo sin adelantar ni atrasar una nota. Con este estudio vas a practicar las notas bajas en el saxofón. Fíjate que se va a oír como una melodía.

⭐90 UNO AL DÍA NO. 20

Aquí hay un poquíto de técnica avanzada en el saxofón. Las notas pequeñas se llaman *apoggiaturas* y se tocan como adornos de las notas principales. Su valor es muy corto. La rayita anulada se llama *glissando* y significa que vas a tocar una bajadita de tres o cuatro notas sin ritmo medido. Escuche el CD.

⭐91 UNO AL DÍA NO. 21

Aquí combinas las notas con puntillo. La negra con puntillo vale 1 tiempo y medio y la corchea con puntillo vale 3 semicorcheas. Escucha el CD y vas a notar cómo se oye este ritmo. Otra cosa importante es la dinámica. Respeta los signos, de *p* volumen bajito, de *mp,* más o menos fuerte. También verás *f,* volumen fuerte, *ff* muy fuerte, y de *mf* volumen no tan bajito.

92 UNO AL DÍA NO. 22

Este ejercicio está en tono menor. En la música hay tonos mayores y menores. Estamos en el tono de SOL *menor* y usa los bemoles y los sostenidos al mismo tiempo. Escucha el CD y hazlo igualito.

93 UNO AL DÍA NO. 23

Este ejercicio es de cromatísmo; o sea, sostenidos (♯) y bemoles (♭) juntos, no te confundas. Aquí vamos a saber si de verdad ya sabes tocar el saxofón bien.

94 UNO AL DÍA NO. 24

Éste es el último de los ejercicios de *Uno al día* de este libro. Tócalo con mucho cariño y muy bien tocado. Un último consejo, cuando toques un instrumento no pienses en hacer las notas y ya, piensa en interpretar una melodía, en recrear la melodía que el compositor hizo y dale el sentimiento que la melodía merece. Siempre que toques el saxofón, hazlo con mucho sentimiento y con muchas ganas. Nunca toques sólo por tocar, recuerda que al tocar el saxofón estás haciendo música y la música es una forma de arte.

LISTA INDIVIDUAL DE TEMAS MUSICALES

1. TONO DE AFINACION (SAXOFON EN *MI*♭)
2. 4 TIEMPOS, 2 TIEMPOS Y 1 TIEMPOS
3. *SI* LA PUEDO TOCAR
4. *SI* LA SE
5. *SOL - LA…SI* NO ESTAS ACOMPAÑADA
6. MIS PRIMEROS PININOS
7. CUATRO NOTAS EN EL SAX
8. SOLAMENTE 4 NOTAS
9. UN POCO MÁS
10. MI MUSICA MIS NOTAS
11. CINCO NOTAS Y A TOCAR
12. BAJADITA Y SUBIDITA
13. BRINCANDO A MI GUSTO, SI SEÑOR!
14. TRANSPOSICIÓN MUSICAL
15. AHORA EN OTRO TONO
16. *DO*-MINANDO EL SAX
17. QUE RE BONITO ES EL SAX
18. UNO AL DÍA NO. 1
19. UNO AL DÍA NO. 2
20. A *MI* ME GUSTA TOCAR EL SAX
21. UNO AL DÍA NO. 3
22. MIS PRIMEROS PININOS
23. REPASO DE NOTAS DE *MI* A *MI*
24. TWINKLE, TWINKLE LITTLE STAR
25. MELODÍA SENCILLA CON FAS
26. MAS DEL *FA*♯
27. UNO AL DÍA NO. 4
28. UNA NOTA MÁS
29. ESCALA DE SOL
30. LONG LONG AGO
31. SOLAMENTE DOS VECES
32. RANCHERA
33. ASI ME GUSTA TOCAR
34. DE TODO UN POCO
35. ASI SE TOCA EL *SI*♭
36. ESCALA DE *FA*
37. SUBIENDO Y BAJANDO DE VOLUMEN
38. UNO AL DÍA NO. 5
39. UNO AL DÍA NO. 6
40. UNO AL DÍA NO. 7
41. UNO AL DÍA NO. 8
42. DE *RE* A *RE*
43. ESCALA DE *RE*
44. MELODIA CON *MI*♭
45. SENCILLA CON *LA*♭
46. TODO POR TI
47. MARCHA NOCTURNA EN SAX
48. LIGADURA EN *MI*
49. TERCERAS CON AMOR
50. SEXTAS CON AMOR
51. ACENTOS Y MAS ACENTOS
52. UNO AL DÍA NO. 9
53. UNO AL DÍA NO. 10
54. PRACTICA DE *MI*♭ ALTO
55. UN POCO DE TODO
56. MELODÍA RARA DE REPASO
57. PRACTICA DEL *SOL*♯
58. TU DULCE AMOR
59. BACH NORTEÑO
60. DUETO EN DOS
61. ALLA POR EL RANCHO
62. USANDO EL *DO*♯ BAJO
63. USANDO EL *LA* ALTO
64. VALS ROMANTICO
65. COMO YO TE SIENTO
66. DUETO EN TRES
67. DUETO EN CUARTO
68. TRESILLOS Y MAS TRESILLOS
69. ESCALA DE DO
70. LA NOTA FINAL
71. UNO AL DÍA NO. 11
72. UNO AL DÍA NO. 12
73. REPASO DE RITMO
74. CANTARÉ
75. UNO AL DÍA NO. 13
76. EL CHA CHA
77. UNO AL DÍA NO. 14
78. VOLVERÉ CON LA BANDA (SAX)
79. VOLVERÉ CON LA BANDA (ARREGLO COMPLETO)
80. ESCALA DE *MI*
81. ESCALA DE *LA*
82. UN BOLERITO PARA TI (SAX 1)
83. UN BOLERITO PARA TI (SAX 2)
84. UN BOLERITO PARA TI (ARREGLO COMPLETO)
85. UNO AL DIA NO. 15
86. UNO AL DIA NO. 16
87. UNO AL DIA NO. 17
88. UNO AL DIA NO. 18
89. UNO AL DÍA NO. 19
90. UNO AL DÍA NO. 20
91. UNO AL DÍA NO. 21
92. UNO AL DÍA NO. 22
93. UNO AL DÍA NO. 23
94. UNO AL DÍA NO. 24

Primer nivel: Aprende Saxofón Fácilmente

por Victor M. Barba

Gracias a mi familia por ayudarme y apoyarme en la realización de este libro.
Gracias también a Betty, mi esposa y a mis dos hijos, Carlos y Cindy.

Nota biográfica del autor

Víctor M. Barba estudió música en el Conservatorio Nacional de Música de México D.F. Cuenta en su poder con varios premios entre los que se encuentran dos premios Nacionales de Composición. Es así mismo autor de un concierto para piano y unas variaciones sinfónicas. Su música ha sido interpretada por la Orquesta Sinfónica del Estado de México, bajo la dirección del Maestro Eduardo G. Díazmuñoz. Desde muy joven impartió clases de música en diferentes escuelas y a nivel privado, pero no fue hasta 1996 que fundara la escuela Easy Music School. Su sistema de aprendizaje *Música Fácil* © ha ayudado a miles de personas aprender música de una manera práctica y profesional. Como productor de discos y arreglista trabajó junto a Cornelio Reyna y recientemente compuso la banda sonora de la película *Sueños amargos* protagonizada por Rozenda Bernal y Alejandro Alcondez. Víctor M. Barba se destaca también como autor y ha publicado varios métodos para tocar instrumentos musicales tan variados como: teclado, acordeón, batería, solfeo e incluso canto. En la actualidad se concentra en la escritura de libros para trompeta, violín y armonía y libros infantiles. Es miembro de BMI y sus canciones han sido interpretadas por artistas de renombre internacional.